60分でわかる！
THE BEGINNER'S GUIDE TO
INFORMATION STUDY I

情報Ⅰ
INFORMATION STUDY Ⅰ
超入門

［著］リブロワークス
［監修］鹿野利春（京都精華大学教授）

技術評論社

Contents

Part 1
情報教育の意義と立ち位置を知る
「情報Ⅰ」とは どのような科目なのか … 7

001	なぜ情報を高校で学ぶのか？ 情報Ⅰとはどんな科目なのか？	8
002	情報Ⅰが導入された背景とねらい	10
003	情報Ⅰでは何を学ぶのか？ 情報Ⅰの4分野を概観する	12
004	高校での情報Ⅰの授業風景を覗いてみる	14
005	情報Ⅰ＝プログラミング教育ではない	16
006	大学入学共通テストにおける情報Ⅰの立ち位置	18
007	大学入試に向けてどんな勉強をすればいい？	20
008	大学入学共通テストで情報Ⅰが課される大学と配点	22
009	情報Ⅰを学んだ生徒が身につける能力とは？	24
010	世界から10年の遅れを取る日本の教育のICT化と情報教育	26
011	2030年に最大約79万人 深刻化するIT人材の不足	28
012	情報Ⅰはこれからの社会を生き抜く上で必須の科目	30
Column	情報Ⅰは実際どのくらい難しい？	32

Part 2
情報社会における基礎を学ぶ
情報社会の 問題解決 … 33

013	この分野で学ぶこと	34
014	問題の発見・解決における「問題」とは何か	36
015	情報Ⅰの柱として据えられた「問題の発見・解決」	38
016	「情報Ⅰ」で学ぶアイデアの発想法や思考法のフレームワーク	40
017	そもそも「情報」とは何だろう？	42
018	情報を伝える媒体「メディア」	44

019	SNS時代の作法を知る	46
020	情報の信ぴょう性をどうやって確かめる？	48
021	「著作権」「産業財産権」…… 創作物に関わるさまざまな権利	50
022	情報社会に欠かせない法律や規則	52
023	個人情報はなぜ重要？	54
Column	「情報Ⅰ」と「情報Ⅱ」は何が違う？	56

Part 3 情報の効果的な伝達方法を学ぶ

コミュニケーションと情報デザイン

57

024	この分野で学ぶこと	58
025	コミュニケーションの歴史	60
026	コミュニケーションの形態と効果的な使い分け	62
027	情報デザインで使いやすく・わかりやすくする	64
028	「ユニバーサルデザイン」と「バリアフリー」	66
029	情報デザインを応用すれば資料作成のスキルも向上する	68
030	「アナログ」と「デジタル」の違い	70
031	デジタルデータの優れた点	72
032	音や画像をデジタルでどう表現する？	74
033	データの圧縮とはどういうことか？	76
Column	情報Ⅰ教科書は教科書会社ごとにどう違う？	78

Part

4

デジタル活用力の基礎を身につける

コンピュータと
プログラミング

79

034	この分野で学ぶこと	80
035	身の回りにあふれているコンピュータ	82
036	「ハードウェア」と「ソフトウェア」とは	84
037	コンピュータの五大装置	86
038	コンピュータで扱う2進法の計算方法とデータ量の表し方	88
039	2進法で計算する仕組み「論理回路」	90
040	プログラミングによって何ができるのか	92
041	プログラミングで必要な「アルゴリズム」とは	94
042	「アルゴリズム」の基本構造	96
043	具体的なPythonプログラムを見てみよう	98
044	AI（人工知能）はなぜ注目を集めているのか	100
045	機械学習とディープラーニングの仕組みを知る	102
046	生成AIは諸刃の剣？	104
Column	共通テスト用プログラム表記	106

Part

5

情報通信網への理解を深める

情報通信ネットワークと
データの活用

107

047	この分野で学ぶこと	108
048	インターネットとは？	110
049	「Wi-Fi」「無線LAN」「5G」…… 何が違う？	112
050	インターネットで情報のやり取りが可能な仕組み	114
051	情報通信を盗聴から守る「暗号化」の仕組み	116
052	情報セキュリティって大切？	118
053	機密情報をどうやって守る？	120

054 個人でできるセキュリティ対策は？ ──────── 122

055 身の回りの情報システムはネットワークに支えられている ── 124

056 いたるところで使われる「クライアント・サーバシステム」── 126

057 データを蓄積する仕組み「データベース」 ──────── 128

058 説得力を高めるには「データ」が必須 ───────── 130

059 世の中には「使えるデータ」があふれている ─────── 132

060 使えるデータの集め方と集めたデータの分析方法 ───── 134

061 統計とはデータの特徴を表現する技術 ──────── 136

062 数学科と連携することで深まる実践力 ──────── 138

063 シミュレーションってなに？ ─────────── 140

Column 大学ごとの情報Ⅰの扱いはどう異なる？ ─────── 142

Part 6 情報社会と情報教育の今後

情報Ⅰが当たり前の 未来社会を考える ──────── 143

064 政府が考える未来社会「Society 5.0」 ──────── 144

065 情報ⅠはDXのスタートライン ─────────── 146

066 未来の学校の授業はどうなっているか ──────── 148

067 必ずしも情報Ⅰがすべてを網羅しているわけではない ──── 150

068 情報技術を使いこなすために今からできること ────── 152

069 2029年以降に社会人となる「情報Ⅰ世代」との共創に向けて ── 154

Column 共通テストで使用される疑似言語で実行したい場合は？ ── 156

● 付録＜情報科で使用されている用語について調べるには＞ ───── 157

● 索引 ──────────────────── 158

■『ご注意』ご購入・ご利用の前に必ずお読みください

本書に記載された内容は、情報の提供のみを目的としています。したがって、本書を参考にした運用は、必ずご自身の責任と判断において行ってください。本書の情報に基づいた運用の結果、想定した通りの成果が得られなかったり、損害が発生しても弊社および著者、監修者はいかなる責任も負いません。

本書は、著作権法上の保護を受けています。本書の一部あるいは全部について、いかなる方法においても無断で複写、複製することは禁じられています。

本文中に記載されている会社名、製品名などは、すべて関係各社の商標または登録商標、商品名です。なお、本文中には ™ マーク、® マークは記載しておりません。

THE BEGINNER'S GUIDE TO INFORMATION STUDY Ⅰ

Part

1

情報教育の意義と立ち位置を知る

「情報Ⅰ」とは
どのような科目なのか

001 THE BEGINNER'S GUIDE TO
INFORMATION STUDY Ⅰ

なぜ情報を高校で学ぶのか？
情報Ⅰとはどんな科目なのか？

▶ 情報社会で通用する情報教育をすべての人に提供する

　近年では、SNSやネットショッピング、動画投稿サイトなど、情報技術に支えられた仕組みが身の回りにあふれています。現代において、そうした情報技術やそれらによってやり取りされる情報が重要な役割を果たしており、わたしたちの生活を豊かにしてきたことは言うまでもありません。

　ビッグデータやデータサイエンス、人工知能を取り入れた自律型ロボットのように、新たな情報技術が次々と開発され、またたく間に日常に取り入れられていきます。こうした日々進歩する情報技術の活用は、身近なサービスにとどまらず、ビジネスから医療、防災、公共事業、行政に至るまで、あらゆる分野で進んでおり、**社会のさまざまな場面における意思決定や課題の解決に役立てられています。**

　高校生を始めとする現代の若者たちは、生まれたときからそうした高度な情報技術に触れて育ってきました。しかしながら、そうした技術を「使える」ことと「使いこなせる」ことの間には大きな差があります。たとえば単にSNSを使えるだけという人もいれば、自分でプログラミングを行って、自作のソフトウェアを世界に公開することまでできるという人もいます。つまり、いわゆる「デジタルネイティブ」と呼ばれる世代でも、**情報技術の仕組みに対する理解や、効果的な活用方法を体系的に身につけている人は多くない**と言えるでしょう。

　国際的に情報化が進展する現代において、そうした知識や技能を若いうちに身につけてもらうことが、2022年から学校教育の中で始まった情報Ⅰの役割なのです。

● 情報技術があふれた社会とデジタルネイティブ世代

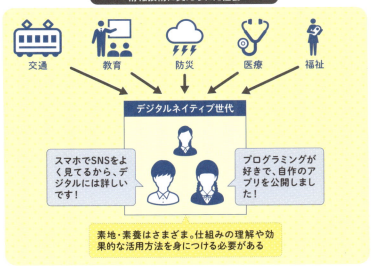

情報I ⇒ 体系的に知識や技術を身につけ、社会の変化に適応する力を養う

まとめ
- ☐ 情報社会は、日々発展を続ける情報技術に支えられている
- ☐ デジタルネイティブでも情報技術に対する素養はさまざま
- ☐ 社会の変化に適応して生き抜く力を情報Iで身につける

Part 1　「情報I」とはどのような科目なのか

002 THE BEGINNER'S GUIDE TO INFORMATION STUDY I

情報Iが導入された背景とねらい

● 情報社会の先を見据えた情報教育

　本書を手に取られた方の多くが情報Ⅰという聞き慣れない新科目に興味をお持ちでしょう。しかし、そもそもなぜ情報Ⅰという科目が高校教育に導入されることになったのでしょうか？

　情報Ⅰは、2022年から実施されている新学習指導要領にて新設されました。ではそれ以前は情報教育がなかったかといえば、違います。情報という教科は2003年から実施された学習指導要領で初めて登場し、その後「社会と情報」「情報の科学」の2科目が選択科目として設置されるに至ります。細かな差に目をつぶれば、情報Ⅰの分野としては、前者は「情報社会の問題解決」「コミュニケーションと情報デザイン」に、後者は「コンピュータとプログラミング」「情報通信ネットワークとデータの活用」に対応しています（それぞれの分野については次節で解説）。つまり、情報Ⅰでは、従来選択科目としてどちらか一方で学んでいたものを、両方とも学ぶことになるのです。

　ではなぜこのような負担の増加にも思える改訂がなされたのでしょうか。それは、政府が掲げるSociety 5.0（6章参照）に向けて変化する社会に必要な資質・能力の育成を見据えているからです。Society 5.0では、現代の情報社会がより高度に発展した社会が実現していると考えられています。学習指導要領では、そのような社会において「**情報に関する科学的な見方・考え方**」「**問題の発見・解決に向けて、事象を情報とその結び付きの視点から捉え、情報技術を適切かつ効果的に活用する力**」が必要とされるとしています。こうした社会に早い段階で対応するために、情報Ⅰが導入されたと言えるでしょう。

● 従来の情報教育とSociety 5.0の社会で求められる力

> 2022年以降はこれまでの
> すべてを含む内容を学習

情報Ⅰ

社会と情報

情報社会の問題解決
- ◎問題の発見と解決
- ◎情報の特性
- ◎法律

コミュニケーションと情報デザイン
- ◎メディアの特性
- ◎情報デザイン
- ◎アナログとデジタル

情報の科学

コンピュータとプログラミング
- ◎コンピュータの仕組み
- ◎プログラミング
- ◎アルゴリズム

情報通信ネットワークとデータの活用
- ◎ネットワーク
- ◎暗号化技術
- ◎情報通信システム

> 2021年まではこの2つから1つを選択

Society 5.0で必要とされる力
- ◎情報に関する科学的な見方・考え方
- ◎問題の発見・解決に向けて、事象を情報とその結び付きの視点から捉え、情報技術を適切かつ効果的に活用する力

まとめ
- ☐ 2022年より前から情報教育は行われてきた
- ☐ 情報Ⅰでは従来のすべてを必履修科目として学ぶ
- ☐ Society 5.0で必要とされる力を早い段階で身につける

Part 1 「情報Ⅰ」とはどのような科目なのか

003 THE BEGINNER'S GUIDE TO
INFORMATION STUDY I

情報Iでは何を学ぶのか？
情報Iの4分野を概観する

● 情報Iの4分野で横断的な知識と技能を身につける

　学習指導要領によって定められた情報Iの4分野とは「情報社会の問題解決」「コミュニケーションと情報デザイン」「コンピュータとプログラミング」「情報通信ネットワークとデータの活用」の4つです。「**情報社会の問題解決**」は、情報Iの導入として位置づけられており、知的財産権や個人情報保護法などの法規や制度、情報セキュリティや情報モラルの重要性、情報技術の役割などを学びます。これらは他3分野との関連性も深く、こうした知識をもとに問題の発見と解決に必要な、科学的で合理的な判断力を身につけます。

　「**コミュニケーションと情報デザイン**」では、メディアの特性やコミュニケーション手段の特徴、情報デザインなどについて学びます。また、そうした情報の扱い方を、デジタル・アナログなどの観点から理解することも目指します。これらを通じ、目的や状況に応じた情報伝達や、効果的なコミュニケーション方法の選択など、今後いっそう必要とされる力を身につけます。

　「**コンピュータとプログラミング**」では、コンピュータの仕組みや、プログラミングやシミュレーションによる問題解決の方法を習得します。その際必要となるモデル化や情報の抽象化などの技能は、コミュニケーションと情報デザインとも関連深いものです。

　「**情報通信ネットワークとデータの活用**」では、社会に組み込まれた情報通信ネットワークや情報システムの仕組み、情報セキュリティ、データベースを利用したデータの蓄積やデータ分析の方法を学び、問題の解決に必要な思考力や判断力を身につけます。

● 情報Ⅰの4つの分野の概要

情報社会の問題解決

◎情報Ⅰの導入的位置づけ
◎知的財産権や個人情報保護法などの法規や制度
◎情報セキュリティ、情報モラルの重要性
◎情報技術の役割
⇨ 科学的で合理的な判断力に基づいた問題の発見と解決

コミュニケーションと情報デザイン

◎メディアの特性やコミュニケーション手段の特徴
◎情報デザイン
◎アナログとデジタル
⇨ 目的や状況に応じた情報伝達、
効果的なコミュニケーション方法の選択

コンピュータとプログラミング

◎コンピュータの仕組み
◎プログラミングによる問題の解決
◎アルゴリズム
◎モデル化とシミュレーション
⇨ コンピュータの力を問題の発見・解決に活用

情報通信ネットワークとデータの活用

◎情報通信ネットワークや情報通信システム
◎情報通信セキュリティ
◎データベースによるデータの蓄積
◎データ分析
⇨ 情報通信ネットワークやデータを活用した問題の発見・解決

まとめ

□ 情報Ⅰは「情報社会の問題解決」「コミュニケーションと情報デザイン」「コンピュータとプログラミング」「情報通信ネットワークとデータの活用」の4分野からなる

Part
1

「情報Ⅰ」とはどのような科目なのか

004 THE BEGINNER'S GUIDE TO
INFORMATION STUDY I

高校での情報Iの授業風景を
覗いてみる

● 基礎となる知識とそれを活かすための実習の連携

　先ほど見たように、情報Iの4分野で学ぶ内容は多岐にわたります。プログラミングやシミュレーション、情報デザインといった実践的な内容も含まれるため、実習による学習が効果的でしょう。たとえば多くの学校では、プログラミングの授業で、Python（パイソン）のように、実社会で広く活用されている最先端の言語を使って学習します（P.92参照）。そこで学んだ知識を活かして、シミュレーションを実際に作ってみるといった授業展開もあるでしょう。もちろんこうした実習は、先生が前でプログラムを作りながら解説するものではなく、生徒一人ひとりに配布されたノートパソコンなどの機器で、それぞれがプログラムを書くということになります。そうして出来上がったシミュレーションの結果を発表し、それに対して生徒同士で考察したり、モデルの改善点を挙げ合ったりするなど、**実社会で見られる問題解決のプロセスを実体験することで、必要な技能を身につける**のです。

　実習は、こうした技能的なもの以外でも効果的です。たとえば「売上の高い会社ほど、従業員数が多い」というデータを見せて、「売上を上げるためには、従業員を増やせばよい」と考えることが正しいかどうかを生徒どうしで議論させる授業です。これは「情報通信ネットワークとデータの活用」で学ぶデータ分析の知識の活用と、「情報社会の問題解決」で学ぶブレーンストーミングやロジックツリー、フィッシュボーン図といったツールの実践的な利用という**分野横断的な学習を実現**します。そうして学んだことを有機的に結びつけ、より深い理解へとつなげることができます。

● シミュレーション実習の想像図

プログラミングの学習

パソコンは1人1台割り当てられており、それぞれが自分のペースでプログラムを書く

まずは講義でアルゴリズムやプログラミング言語の基礎を学びました

PythonやJavaScriptなどの最先端のプログラミング言語で学習

⬇ 身につけたことを活かす

グループワーク

作成(改善)したモデルをプログラムとして作成(反映)する

シミュレーション

グループで結果の分析、情報デザインを意識した資料作り

情報I
4分野を
横断

モデル化

発表

発表で議論したことを元に、モデルにフィードバックする

発表するだけでなく、モデルの改善点や結果の分析についてなど、さまざまな観点で議論し、問題解決につなげる

まとめ
- □ 講義だけではなく、実習を中心に分野横断的かつ実践的な授業の展開が効果的に行われる
- □ 時代に即したツールの利用により実践力が身につく

Part 1 「情報I」とはどのような科目なのか

005 THE BEGINNER'S GUIDE TO
INFORMATION STUDY I

情報I＝プログラミング教育
ではない

● プログラミングは情報Iで学ぶ技能の1つに過ぎない

　情報Ⅰが必履修科目となり、SNSなどのインターネット上では、「情報の教科書がすごい」「プログラミングが必履修に」など、さまざまな面で話題になりました。なかには情報Ⅰという科目はプログラミングを学ぶための科目であるという誤解も散見されるようになりましたが、P.12でも解説したように、実際に学ぶ内容は多岐にわたります。

　実際の教育現場で使われている教科書を見てみると、たとえば日本文教出版「情報Ⅰ」（情Ⅰ710）では、プログラミング言語などを扱っているのは全224ページ中27ページと、全体の12%ほどです。これはWebページ制作やシミュレーション分野も含むページ数ですので、プログラミングそのものを扱ったページはもう少し減ります。つまり、**プログラミングは問題を解決するための手段に過ぎず、その考え方を理解することが重要である**とも言えるでしょう。

　また、教科書ではJavaScriptやPythonのような実用的なプログラミング言語を使って学ぶことになりますが、共通テストの出題で扱われるプログラミング言語は、どの教科書で学んだかといった観点で生じる不公平性をなくすために、共通テスト専用のプログラム表記が用いられます（P.106参照）。このプログラム表記は主に日本語で表現され、特定のプログラミング言語を知らなくても容易に理解できるものです。こうした措置が取られていることからも、専門的なプログラミングの知識や技能などよりも、**プログラミング思考や、プログラムを通じたアルゴリズムの表現力などが重視されている**と言えるでしょう。

16

● 教科書ごとのプログラミングの取り扱い

書名	出版社	ページ数	プログラミングのページ数※	プログラミングの割合
情報I	日本文教出版	246	16	6.5%
情報I Step Forward!	東京書籍	230	10	4.3%
高等学校 情報I	数研出版	208	12	5.8%
最新情報I	実教出版	206	22	10.7%

※プログラミングそのものを解説したページ数

● プログラミングの授業で学ぶこと

基本的には、どんな言語にも共通して必要で基礎的なことしか学ばない

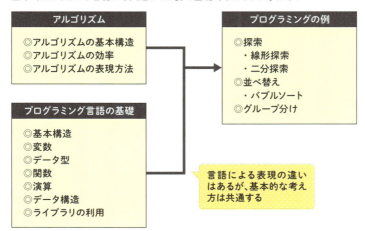

アルゴリズム
- ◎アルゴリズムの基本構造
- ◎アルゴリズムの効率
- ◎アルゴリズムの表現方法

プログラミング言語の基礎
- ◎基本構造
- ◎変数
- ◎データ型
- ◎関数
- ◎演算
- ◎データ構造
- ◎ライブラリの利用

プログラミングの例
- ◎探索
  - ・線形探索
  - ・二分探索
- ◎並べ替え
  - ・バブルソート
- ◎グループ分け

言語による表現の違いはあるが、基本的な考え方は共通する

まとめ
- □ 情報Iにおけるプログラミングは、問題の発見・解決に必要な手段の1つに過ぎない
- □ プログラミングに必要な思考力を身につけるのが重要

Part 1 「情報I」とはどのような科目なのか

006 THE BEGINNER'S GUIDE TO INFORMATION STUDY I

大学入学共通テストにおける
情報Iの立ち位置

⊙ 大学教育を受けるために必要な基礎的な能力を判定

　情報Ⅰが新たに導入された背景については、P.10で説明したように、情報技術の発展に伴う社会の変化に対応した人材の育成が挙げられます。文部科学省は、デジタル人材育成に向けた取り組みを進めており、2025年にはリテラシーレベルの教育を受けた人材を毎年100万人（小中学生全員、高校卒業者全員）育成することを掲げています。こうした社会の変化は大学における教育にも及んでおり、**文系・理系という枠にとらわれず、データをもとに事象を適切に捉え、分析・説明できる力**が必要となっています。

　文部科学省が発表した資料「大学入学共通テストへの『情報Ⅰ』の導入について」（https://www.mext.go.jp/content/20211021-mxt_daigakuc02-000018569_3.pdf）によれば、「今後、大学において、情報に関わる資質・能力について、大学教育を受けるために必要な基礎的な能力として捉え、国語、数学、英語等と同様に、大学入学者選抜の過程でその能力を評価・判定していくことも考えられる」とあります。つまり、**国語や数学といった従来の主要な科目と同様に、情報は大学教育を受けるために必要な基礎的な力**であり、大学においても高校教育で養った力を効果的に発揮できるかどうか、情報教科という観点でも評価する必要があるということです。このことは、国立大学において情報Ⅰが必須の科目として扱われていることからもうかがえます。

● 政府が進めるデジタル人材育成（AI戦略2021）

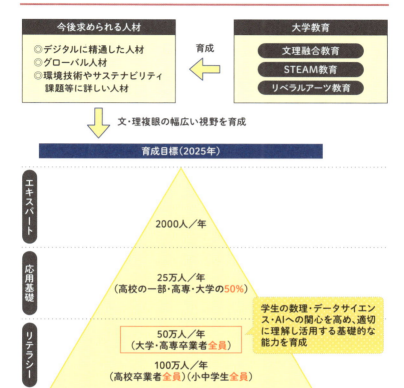

※文部科学省「今後の大学教育の振興方策について」より作成

高校生が卒業後にこうした教育を大学で受けて学習するための環境を整備する必要がある。 ⇒ 情報Iを入試に加えるべき

まとめ
- ☐ 文理の枠にとらわれない教育が今後求められる力の習得に必要
- ☐ 大学でそうした教育を受けるには、情報Iで身につける力が必要不可欠として入試科目に加わった

007
THE BEGINNER'S GUIDE TO
INFORMATION STUDY Ⅰ

大学入試に向けて
どんな勉強をすればいい?

▶ 暗記ではなく、知識を活かして考察する力が必要

令和4年11月に、大学入試センターから「令和7年度大学入学共通テスト試作問題『情報Ⅰ』」が公表され、新しく始まる科目として注目を浴びました。同センターの方針によると、情報と身の回りの事象や情報技術、情報社会と人との関わりを重視し、既知・未知の資料等に示された事例などをテーマに、**情報の科学的な理解に基づく考察や、問題の発見と解決に向けた考察を行う力を問う**ように作成されました。

実際に試作問題を見てみると、まず第1問は情報Ⅰで学ぶ4分野の基礎的な知見を広く問う問題です。第2問以降は、先生と生徒の会話文や、生徒が行ったデータ分析の分析結果などについて問う問題で、比較的長めの文章を読み、その理解が問われるものでした。いずれも何らかの問題とその解決を志向した構成となっており、まさに情報Ⅰで掲げられた問題解決の力が問われます。

文章の量が多い傾向は他の科目にも見られますが、情報Ⅰも同様で、試験時間の60分が短く感じる受験生は多いことでしょう。つまり、共通テストにおいては、「**情報Ⅰ全体に関する基礎的な知見**」「**身につけた知見を問題解決に向けて適切に運用する力**」に加えて、「**文章を正確に素早く読んで理解する力**」も問われているのです。

こうした力は一朝一夕には身につきません。基礎的な知識や技能を身につけるのはもちろんのこと、日頃から正確で素早い文章の読解、身の回りの問題やそれを解決するための方法や、情報Ⅰで学習した知見の活用方法などを意識していくことが重要だと言えるでしょう。

● 大学入試で問われる力

共通テスト試作問題の概要

第1問
- ◎情報モラル
- ◎情報通信ネットワーク
- ◎論理回路
- ◎情報デザイン

第2問
- ◎二次元コード
- ◎情報量とデータ量
- ◎モデル化
- ◎シミュレーション

第3問
- ◎アルゴリズム
- ◎プログラミング

第4問
- ◎データ分析
- ◎統計解析
- ◎グラフの読み取り
- ◎データの解釈

必要とされる力

- ◎情報I全般の基礎的な知見
- ◎身につけた知見を問題解決に向けて適切に活用する力
- ◎文章を素早く読んで正確に理解する力

どのように活かせるかを意識する → **知見を効果的に運用する**

基礎となる知識 ← **どんな知見が必要かを考える**

まとめ
- □ 共通テストは、知識だけでは解けない問題が多数
- □ 身につけた知見を活かすための訓練が必要
- □ 文章を素早く正確に読解する力も必要

Part 1 「情報I」とはどのような科目なのか

008
THE BEGINNER'S GUIDE TO
INFORMATION STUDY I

大学入学共通テストで
情報Iが課される大学と配点

● 国立大学は基本的に必須、公・私立大学は学部などによる

　情報Iは2025年の大学入学共通テスト（以下、共通テスト）から導入されますが、**国立大学においては基本的に受験が必須となります**。北海道大学は、2025年の入学試験においては配点しません（2026年以降は配点）が、個別学力検査等の成績が同点の場合に情報Iの成績を活用するとのことなので、結局は気を抜くことができない科目と言えるでしょう。その他の国立大学では、大学独自の基準に従って点数を換算し、二次試験との合算により合否判定が行われます。**公立大学については国立大学に比べてさらに多様で、選択方式の採用や、そもそも課されない学部や学科もあります。**

　情報Iの配点率を見ることで、学部ごとに情報Iの重要性をどのように捉えているかをうかがえます。たとえば兵庫県立大学では、社会情報科学部は100点満点のまま、その他の学科は50点に換算する（つまり社会情報科学部では情報Iを重視する）といった違いがあります。国公立大学全体で、二次試験と合算した試験点数に対する情報Iの比重を見比べてみると、数%から20%程度までさまざまであることがわかります。

　私立大学でも、共通テストを利用する方式において情報Iを使用する学部・学科があります。たとえば早稲田大学や明治大学では、一部の学部において情報Iを選択することができます。なお、慶應義塾大学では、2012年度の試験より旧センター試験を利用した試験方式が廃止されていますが、総合政策学部や環境情報学部においては大学独自の試験で情報I・IIが課されるとのことです。

● 共通テストの配点（主要大学抜粋・要約、2024年9月時点）

大学名	情報Iの配点方法
主な国立大学	
北海道大学	配点しないが、個別学力検査等の成績が同点の場合は情報Iの成績を活用。2026年度試験では配点の予定。
東北大学	前期試験は必須で50点満点に圧縮。後期試験を実施する学部では第1段階選抜のみに利用。
東京大学	11点満点に圧縮。
名古屋大学	工学部のみ35点満点に圧縮、その他の学部は50点満点に圧縮。
京都大学	学部により異なり、試験として課される科目の合計に対して情報Iの比重が約5%から約22%の範囲となるように圧縮される。
大阪大学	学部により異なり、試験として課される科目の合計に対して情報Iの比重が約3%から約8%の範囲となるように圧縮される。
九州大学	学部により異なり、試験として課される科目の合計に対して情報Iの比重が約3%から約14%の範囲となるように圧縮される。
主な公立大学	
東京都立大学	法学部法学科の前期試験では課されない。その他は学部により30〜50点に圧縮。
横浜市立大学	必須から選択、受験方式によっては課さない学部までさまざま。課される場合は「50点満点に圧縮」「100点満点のまま」「200点に換算」など学部や入試方式によって異なる。
名古屋市立大学	学部により必須または選択。学部により情報Iの比重が約5%〜25%となるように圧縮される。
京都府立大学	文系学部を中心に、半数ほどの学科で課されない。
兵庫県立大学	全学部で課される。社会情報科学部以外は50点に圧縮される。
主な私立大学	
早稲田大学	共通テスト利用入試を実施する一部の学部において、選択方式で課される。
明治大学	文系学部の一部で選択方式で課される。

Part 1 「情報Ⅰ」とはどのような科目なのか

まとめ	☐ 国立大学の受験生は、基本的に情報Iは受験必須 ☐ 公立大学や私立大学では、選択方式などさまざま ☐ 自分が受験する大学・学部の入試要項の確認が重要

009 THE BEGINNER'S GUIDE TO INFORMATION STUDY I

情報Iを学んだ生徒が
身につける能力とは？

▶ 一人ひとりの能力を効果的に発揮するための総合力

　これまでの社会人の多くは、情報Iで学ぶような知識や技能を社会に出てから断片的に身につけてきました。それは個々人が必要に応じて自ら学び活用してきたことでもあり、それで十分と考える人もいるでしょう。しかし逆に言えば、情報Iは分野横断的な内容であるために、そのような社会人にとっては、「なるほど」と思わされるような内容も少なくありません。

　情報Iを構成する4つの分野は、一つひとつを独立して身につけていても、その力を十分に発揮することは難しいでしょう。たとえば情報の特性や情報技術、それに関連する法律だけを知っていても、適切に情報を読み取って活用したり、効果的に表現したりすることは難しいでしょう。逆にそうした表現技法や分析力などがあっても、社会的に問題のある行動や他者の権利を犯すようなことを行ってしまっては、知識不足は言い訳にはなりません。

　また、せっかく問題を見つけ、解決までの道筋を立てられても、それを実現するための技術が身についていなければ実行できません。逆に、プログラミングや統計データの分析手法などを身につけていても、その力を実際の問題解決に活かさなければ宝の持ち腐れです。

　情報Iでは、こうした知識や技能を体系的に学ぶことができます。それにより、**これまで十分に活かしきれなかった個々の能力を、より効果的に発揮する総合力を身につけている**と言えるのではないでしょうか。

● 情報社会を生きるための総合力

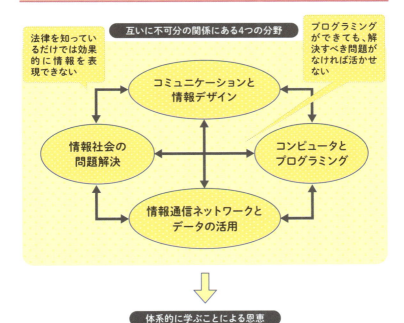

これまでの社会人	これからの社会人
◎こうした力のうち、必要なものだけを社会に出てからその都度身につけていた ◎断片的な知識になるので、情報社会について体系的には理解できていない部分がある	◎情報Iで一通り基礎を学習しているので、体系的な知識を身につけている ◎総合的に身につけているので、それぞれの知識や能力が効果的に発揮される

まとめ
- ☐ 情報Iでは、これまでの社会人が個別に必要に応じて断片的に学んできたことを、体系的に学ぶ
- ☐ 体系化された知識により、総合力が身につけられる

010

THE BEGINNER'S GUIDE TO
INFORMATION STUDY I

世界から10年の遅れを取る
日本の教育のICT化と情報教育

● GIGAスクール構想と情報Iの展開で挽回をはかる

　世界と比べた日本の教育現場のICT化（デジタル化）の遅れが久しく叫ばれてきましたが、一体どの程度の遅れなのでしょうか。教育用コンピュータ1台あたりの生徒数を見てみると、2020年の日本では1台あたり4.9人でした。これは生徒5人で1台のコンピュータを使うという計算になります。対してアメリカ合衆国は、2008年の時点で1台あたり3.1人でした（文部科学省「諸外国におけるデジタル教科書・教材の使用状況について」「令和2年度学校における教育の情報化の実態等に関する調査結果（概要）」）。こうした教育のICT化の遅れに対しては、**2020年から国家規模の施策として GIGA スクール構想の実施が進められてきました**。この構想は、児童・生徒に1人1台のパソコンを用意し、さらに高速インターネット通信環境を整備することで、児童・生徒と教師の間で個別最適化された教育の実現を目指すものです。この結果、2021年には1台あたりの生徒数が1.4人と1人1台端末に大きく近づきました。

　また情報教育という観点では、アメリカやイギリスなどの諸外国では、2010年代にはプログラミングなどを含む情報教育が実施されています。日本では2003年から情報教科自体はありましたが（P.10参照）、生徒の約8割はプログラミングを学ばない「社会と情報」を履修していたのです。そういった観点でも、やはり日本の情報教育は10年程度の遅れを取っていたと言えるでしょう。

　今後、情報Iなどの情報教育とGIGAスクール構想という2つの新たな展開の相乗効果により、遅れの挽回が期待されます。

● 日本の教育のICT化と情報教育の展開

教育用コンピュータ1台あたりの生徒数

2008年 アメリカ 3.1人 ⇔ 2020年 日本 4.9人

日本は10年以上前のアメリカよりも教育用コンピュータの整備率が低かった

● GIGAスクール構想と情報Iの相乗効果

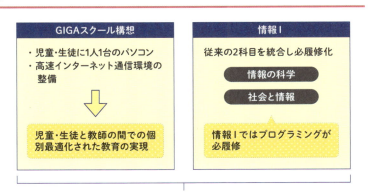

GIGAスクール構想
・児童・生徒に1人1台のパソコン
・高速インターネット通信環境の整備
↓
児童・生徒と教師の間での個別最適化された教育の実現

情報I
従来の2科目を統合し必履修化
- 情報の科学
- 社会と情報

情報Iではプログラミングが必履修

相乗効果による情報教育の遅れの挽回が期待

まとめ
□ 日本の教育用コンピュータの整備環境は10年以上遅れていた
□ GIGAスクール構想による教育のICT化が進められている
□ 情報Iとの相乗効果により、遅れの挽回が期待される

Part 1 「情報I」とはどのような科目なのか

011 THE BEGINNER'S GUIDE TO INFORMATION STUDY I

2030年に最大約79万人
深刻化するIT人材の不足

▶ IT人材の育成が急務

　情報化がますます発展する情報社会のなか、日本では少子高齢化が進行し、労働人口の減少によって人材確保が困難になりつつあります。また技術の進歩に伴って、求められる人材像も年々変化しています。それにともない、これまでの人材の需要と供給の構造も変化しており、高度なITスキルを持った人材（IT人材）の確保がますます重要になってきています。そんな中、経済産業省が発表した「IT人材需給に関する調査」によると、**IT人材の需要が供給を上回り、2030年にはその差が最大で79万人にも上る**と試算されています。

　同調査報告書では、IT人材の供給力を強化する方策の1つとして、新卒人材の供給力を強化することを挙げています。近年の新卒IT人材数自体は増加の傾向にあるため、その維持や質の向上が重要となります。高度な専門教育を行う教育機関の拡充にも限界があることから、近年小学生から高校生までの間に導入されたさまざまな情報教育を通じて、ITに関する能力を高める教育機会を増やすことが必要です。

　また現在の労働者層が抱える問題の1つとして、従来からある紙の仕事をパソコンで行っているだけといった、パソコンを「使いこなす」に至っていない現状があります。直接IT人材として働くことにならなくとも、情報教育の取り組みによって育成された人材が、こうした現状を打開するなど、**産業全体の生産性向上やイノベーションを促進する**と期待されています。

● IT人材の需給予測と早期からの人材育成の必要性

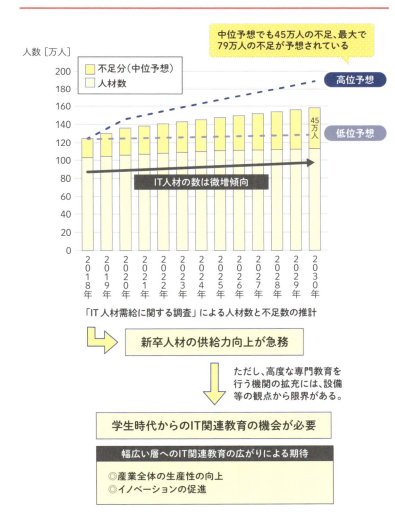

「IT人材需給に関する調査」による人材数と不足数の推計

➡ 新卒人材の供給力向上が急務

ただし、高度な専門教育を行う機関の拡充には、設備等の観点から限界がある。

学生時代からのIT関連教育の機会が必要

幅広い層へのIT関連教育の広がりによる期待
◎ 産業全体の生産性の向上
◎ イノベーションの促進

まとめ
- □ IT人材は2030年には最大で79万人不足すると推計
- □ 高度な専門教育によらない新卒人材の供給が必要
- □ 学生時代からのIT教育により多方面での活躍が期待される

012 THE BEGINNER'S GUIDE TO
INFORMATION STUDY I

情報Iはこれからの社会を
生き抜く上で必須の科目

● 現代の「基礎教養」

　現代社会では、コンピュータやその関連技術によって社会の仕組みや構造が、加速度的に変化しています。つまり「今まで通り」がどんどん通用しなくなっているのです。そのような情勢の中で変化に対応していくためには、問題の発見・解決能力がかつてないほど必要とされています。そうした観点で、これからの情報社会に必要な問題解決能力の涵養を目指す情報Iは、必須の科目と言えるでしょう。

　問題の発見・解決能力の涵養のみならず、日々進歩する情報技術をキャッチアップしていくことも重要です。そのためにも、情報Iで学ぶような基礎的な知識は必要不可欠です。情報技術に国境はありませんから、これからの国際社会の情勢に取り残されずに活躍していくためにも重要であることは言うまでもないでしょう。

　さらに、情報技術を利用する際には、情報を適切に扱う必要があります。もし不適切に情報を扱えば、他者の権利やプライバシーを侵害してしまうこともありますし、情報を適切に受け取ったり発信したりすることができなければ、社会に対して大きな悪影響を及ぼしてしまうことも考えられます。情報Iで学ぶことは、単に自分がうまく生きていくために必要なスキルというだけではなく、情報社会において自覚すべき倫理観や責任感を身につけることにつながるという意味で、**情報Iは現代人に必要な基礎教養**と言えるでしょう。

　本書では、情報Iで学ぶ情報技術を始めとする学習内容を概観することで、これからの高校生がどんなことを学ぶのか、そしてこれからの社会でどんな知識や技能が必要とされているのかを見ていきます。

● 現代の基礎教養としての情報Ⅰ

情報Ⅰで身につける能力は、情報社会でうまく生きるためのスキルだけにとどまらない、現代の**基礎教養**と言える。

まとめ	□ 「今まで通り」が通用しない社会や、続々と登場する技術に適応する能力、社会人としての倫理観や責任感の涵養にもつながる情報Ⅰは、現代の基礎教養と言える

● Column

情報Ⅰは実際どのくらい難しい?

　情報Ⅰの難しさは、とにかく対象とする分野の幅広さにあるでしょう。インターネット上のマナーから、デザインや法律、数学といった全く異なる内容が、1科目に詰め込まれています。

　インターネット上のサービスで設定するパスワードのルールや、個人情報の扱い方、著作権、表計算ソフトの利用など、比較的とっつきやすい内容も多く含まれる一方で、多くの人にとっては馴染みのない知識も学ぶ必要があります。たとえば公開鍵暗号方式や共通鍵暗号方式、TCP/IPといった専門的な用語も学びます。また、プログラミングや数値的なシミュレーションなどは、仕事などで関わりのない人にとっては専門的に見えるでしょう。

　こうして少し具体的に見るだけで、情報Ⅰで学ぶ内容がいかに幅広いかお分かりいただけると思います。内容の幅広さという観点で言えば、やはり決して易しい科目とは言えないでしょう。

　しかし、どの分野で学ぶ内容も、現代における身近な出来事や物事に結びつけることができるため、「学んだ内容がどのように自分に関係があるのかがわからない」といった事態は生じにくいのではないでしょうか。その点で、他教科に比べて取っ掛かりが得やすく学びやすい科目と言えます。

　また、情報Ⅰの全体的な特徴としては、どれも大まかな仕組みなどを理解する内容です。実社会での実践につながるような、もっと発展的な内容を学びたい場合は、情報Ⅱ（P.56参照）などを履修する必要があります。つまり、専門性という観点での難易度としては高くはないことを、把握しておく必要はあるでしょう。

THE BEGINNER'S GUIDE TO INFORMATION STUDY Ⅰ

Part

2

情報社会における基礎を学ぶ

情報社会の問題解決

013 THE BEGINNER'S GUIDE TO INFORMATION STUDY I

この分野で学ぶこと

● 情報社会の問題解決とは

　本章から、情報 I の具体的な内容について解説していきます。まずは、P.12 でも紹介した「**情報社会の問題解決**」です。

　情報社会では、コンピュータやインターネットの普及により情報収集やコミュニケーションが容易になり、かつ、それらはさまざまな問題の発見・解決に役立てられています。そこで本章ではまず、問題の発見・解決とは何か、問題の発見や解決に役立つ、アイデアの発想法や思考法のフレームワークについて解説します。

　次に、「情報 I」という名称にも使われている、情報とはそもそもなにか、情報の特性について解説します。また、情報を伝えるメディアには、さまざまな種類があります。それらを理解することは、目的にあわせてメディアを使い分けられるようになることにつながります。

　コンピュータやインターネットの普及で利便性が向上した一方で、フェイクニュースやインターネット上での誹謗中傷、サイバー攻撃、著作権の侵害といった、情報社会だからこその新たな問題が浮上しています。そこで、個人が取り組むべきこととして、SNS をうまく活用するポイントやフェイクニュースを見抜く方法、それに加えて、これらの問題を解決するための法律にどのようなものがあるのかも解説していきます。

　情報の性質や特徴などについて学び、情報社会におけるマナーやモラルなどを身につけることで、情報社会における問題解決のために必要で適切な行動ができるようになることを目指します。

▶ この分野で学ぶこと

問題とは何か？

問題とはそもそも何か、問題を解決するとは、具体的に何を指すのかを解説する。

情報の定義と特性・メディア

情報とはそもそも何か、情報の特性、情報を伝えるメディアについて解説する。

情報社会で個人が取り組むべきこと

SNSをうまく活用するポイントやフェイクニュースを見抜くための、情報の信ぴょう性を確認する手法を解説する。

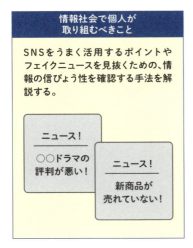

情報に関する法律

インターネット上での誹謗中傷や、サイバー攻撃といった、情報社会ならではの問題が浮上した。この問題を解決するための法律を解説する。

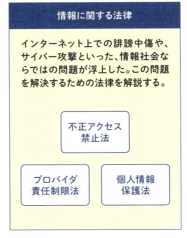

まとめ	☐ 本章では「問題とは何か？」「情報の定義と特性・メディア」「情報社会で個人が取り組むべきこと」「情報に関する法律」について解説する

014 THE BEGINNER'S GUIDE TO INFORMATION STUDY Ⅰ

問題の発見・解決における 「問題」とは何か

▶ 問題とはいったい何か？

　問題を発見・解決する能力を身につけることが、情報Ⅰの根底にある重要なテーマになっています。では、そもそも「問題」とは何でしょうか？　**問題**とは、理想と現実の乖離（ギャップ）のことです。このギャップをなくすことができれば、問題は解決したとみなすことができます。問題には遅刻してしまうといった身近な問題から、商品が思ったより売れない、イベントを開催したいが人が集まらないといったビジネス上の問題まで、さまざまな規模のものがあります。

　ただし、やみくもに行動しても、問題の発見・解決は困難です。解決するには、①そもそも何が問題なのか、問題を発見し、②問題解決のゴールを定めます。それから、③適切な解決案を検討して④実行、⑤最後に振り返るというステップを踏むことが、問題の発見・解決の近道です。ここで特にポイントなのが、**最初に問題解決のゴールを定めること**です。たとえば業務を効率化したいという目標があっても、業務時間を3分の1だけ短縮すればいいのか、はたまた半分に短縮したいのかによって、解決案は変わってくるためです。

　なお、この考え方は、ビジネスにおいては **PDCA サイクル**という手法でよく取り入れられます。PDCA サイクルは、Plan（計画）→ Do（実行）→ Check（評価）→ Act（改善）というプロセスを繰り返すことで、**物事を継続的に改善する手法**です。問題が一度のチャレンジで解決されることは稀です。解決策を実行したら、何が足りなかったのかを考えて次に活かすことで、理想と現実のギャップを埋めることが可能です。

● 問題の発見・解決には大きく5つのステップが必要

①問題の発見	②問題の明確化	③解決案の検討	④解決案の実行	⑤振り返り
現状を分析し、問題点を見つける	何を達成すれば問題が解決したとみなすか、ゴールを決める	問題解決には何をするべきか、案を複数考える	③で出した解決案の中から実行する案を決めて、実行する	②で決めたゴールを達成したか、達成しなかった場合は改善点を見つける
例:表計算ソフトを使った集計に時間がかかる	例:集計にかかる時間を当初の半分に短縮する	例:「テンプレートを作る」「プログラムを作る」などの案を出す	例:「プログラムを作る」に決めて実行	例:時間が3分の2しか短縮しなかったので、プログラムの対応範囲を広げる

Part 2 情報社会の問題解決

● 物事を継続的に改善する「PDCAサイクル」

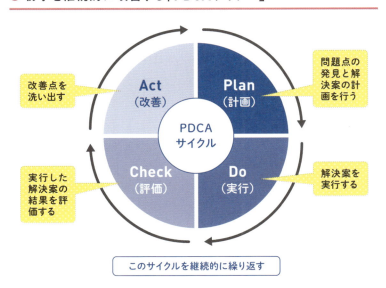

このサイクルを継続的に繰り返す

まとめ	□ 問題解決には「問題の発見」「問題の明確化」「解決案の検討」「解決案の実行」「振り返り」の5つのステップが必要 □ PDCAサイクルは物事を継続的に改善する手法のこと

015 THE BEGINNER'S GUIDE TO
INFORMATION STUDY I

情報Iの柱として据えられた
「問題の発見・解決」

▶ 問題の発見・解決能力を養うことが情報Iの大きな目的

　なぜ、問題の発見・解決能力の育成が、情報Iの重要なテーマなのでしょうか。それは、**IT（情報技術）は、私たちの生活を豊かにするための道具であり、その道具の活用方法は、人間が考えていく必要がある**ためです。ITというと、コンピュータが何でも勝手に自動化したり処理したりしてくれそうなイメージがあるかもしれませんが、そうではありません。ITをどう活用すれば便利なのか、どのような技術を開発すれば社会に役立つのかは、私たち人間が考える必要があります。また、ITの普及により、インターネット上の誹謗中傷といった、かつては無かった新たな問題も発生しています。その問題の解決策を探るのも、また人間です。そのため、**何が問題かを発見して解決する能力は、デジタル人材に必要不可欠な能力**といえるのです。

　また、問題の発見・解決能力は、実際にやってみなければ身につけるのが難しい能力です。そこで、高校生の段階から、身近な問題を取り上げ、原因を分析し、改善していく過程を繰り返し学習することで、その能力を育てる狙いがあるのでしょう。

　情報Iの狙いとしては「問題の発見・解決能力を身につけたデジタル人材の育成」になりますが、もう少し広くとらえると、一人ひとりの人生を支える能力の育成につながります。人生は、問題を見つけ、それを解決していくことの積み重ねです。より豊かな人生を送るためにも、問題を発見し解決する能力は、学生だけではなく、ビジネスパーソンにとっても必要な能力といえるでしょう。

● デジタル人材には問題の発見・解決能力が必要不可欠

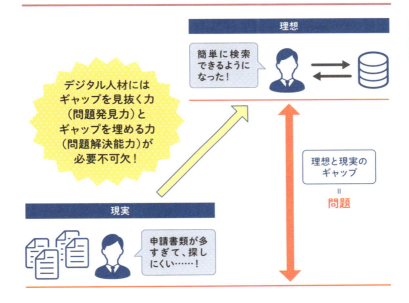

● 問題の発見・解決能力は一朝一夕では育たない！

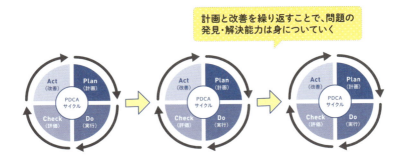

まとめ	□ 問題解決とは、現実と理想のギャップを埋めること □ 問題の発見・解決能力は、計画から改善までの工程を繰り返すことで身につけることができる

016 THE BEGINNER'S GUIDE TO INFORMATION STUDY I

「情報I」で学ぶアイデアの発想法や思考法のフレームワーク

● 問題解決の手法にはさまざまなものがある

　問題を解決するとは、理想と現実のギャップをなくすことだと解説しましたが、問題解決手法を探る代表的な方法には、ブレーンストーミングや KJ 法、MECE（ミーシー）などがあります。

　ブレーンストーミングとは、たくさんのアイデアを集めることを最優先に考える会議手法のことです。誰かの意見を否定したり批判したりすることなく、とにかく多くのアイデアを集めます。なかには突拍子もない意見もあるかもしれませんが、アイデアの収集に重きを置くことで、斬新な発想が見つかる可能性が高まります。

　ただし、アイデアを集めるだけではどれを実施すればいいかがわかりません。ブレーンストーミングで集めたアイデアを整理するには、**KJ 法**が有効です。KJ 法は、ブレーンストーミングなどで集めた複数のアイデアを一つひとつ付箋やカードに書き出し、その付箋やカードを並べ替えたりグループ分けしたりすることで、アイデアを収束させる方法です。なお、KJ 法という名前は、考案者の川喜田二郎氏の頭文字に由来しています。

　また、**MECE（ミーシー）**という方法もあります。MECE とは、物事の重複を排除していく考え方のことです。たとえば、商品の購買層を分析する際に、子供、社会人、高齢者のように、重複や漏れがある分け方をするのではなく、0 歳〜 10 歳、11 歳〜 20 歳……のように年齢層を分けることで、漏れや重複がない状態で分析することが可能になります。

● ブレーンストーミングには4つのルールがある

批判厳禁	自由奔放
他人のアイデアを批判しないこと	新しい考え方や斬新な発想を重視すること

質より量	結合改善
よいアイデアかどうかではなく、アイデアの数を重視すること	他人の考えや複数のアイデアを組み合わせることで新しいアイデアを生み出すこと

● KJ法でアイデアを収束させる

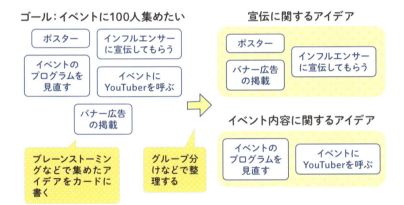

まとめ
- ☐ ブレーンストーミングはたくさんのアイデアを集めることを最優先に考える会議手法
- ☐ KJ法はアイデアを収束させる手法
- ☐ MECE(ミーシー)はものごとの重複を排除する考え方

017 THE BEGINNER'S GUIDE TO INFORMATION STUDY I

そもそも「情報」とは何だろう？

● 情報の定義と特性を理解する

「情報Ⅰ」という科目名にも使われていますが、そもそも「情報」とは何でしょうか？ **情報**とは、世の中の事柄を示し、人にとって意味や価値のあるものを指します。そして、情報と似ていますが、**データ**とは、世の中の事柄を数字や文字などで表したものを指します。

スーパーの商品別売り上げ記録を例に考えてみましょう。これは、どの商品がいつ何個売れたかという事柄をただ表したものなので、データです。この商品別売り上げデータから「7月はアイスの売り上げが伸びた」ことがわかった場合、これは情報といえます。また、毎年の商品別売上記録を分析することで、「毎年、7月のアイスの売り上げは、6月に比べて約2倍になる」ことがわかった場合、これは知識といえます。このように、情報を分析したり一般化したり解釈したりすることで、人の役に立つものを**知識**といいます。

情報には、家具や洋服、文房具のような物（物体）とは違い、実体がありません。そのため情報には、伝播性、残存性、複製性という3つの特性があるとされています。**伝播性**とは多くの人に伝わりやすい性質、**残存性**とは相手に伝えてもなくならない性質、**複製性**とは複製（コピー）がしやすい性質のことです。私たちの生活には、テレビ番組やネットニュース、SNSなどの情報があふれており、情報との接触を避けることはできません。社会の中で、一人ひとりが情報を適切に扱うためにも、これらの特性を理解しておく必要があるでしょう。

● データ・情報・知識の関係

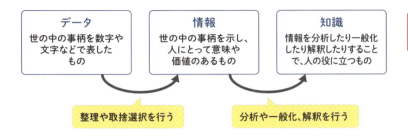

●「情報」の特性

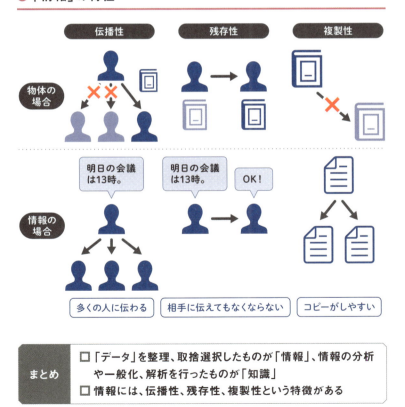

| まとめ | □ 「データ」を整理、取捨選択したものが「情報」、情報の分析や一般化、解析を行ったものが「知識」
□ 情報には、伝播性、残存性、複製性という特徴がある |

018 THE BEGINNER'S GUIDE TO
INFORMATION STUDY I

情報を伝える媒体「メディア」

▶ 情報は「メディア」を通じて伝わっていく

　私たちはさまざまなものを介して、情報を受け取ったり発信したりします。たとえば、天気予報やニュースは、テレビ番組やインターネットを通じて入手しますし、ビジネス上のやりとりでは、電子メールやチャットツールがよく用いられます。このような、情報の受け渡しの媒体となるものすべてを、**メディア**と呼びます。

　メディアは、情報メディア、表現メディア、伝達メディアの3つに分類することができます。**情報メディア**は情報を人に伝えるメディア、**表現メディア**は文字、図、表、動画、音声などの情報を表現するためのメディア、**伝達メディア**は物理的に情報伝達を行うメディアです。たとえば、書籍は、紙とインクの「伝達メディア」であり、文字や図、表などの「表現メディア」を用いて情報を表現している「情報メディア」といえます。

　また、情報発信の方向で分類すると、マスメディアとソーシャルメディアという分類もあります。**マスメディア**とは、少数の情報の発信側が多数の受信側にほぼ一方通行で情報を伝えるメディアのことです。たとえば新聞や書籍、ラジオ、テレビ、学校では校内放送などがこれに該当します。一方、**ソーシャルメディア**とは、インターネット上で不特定多数の人どうしが双方向でやりとりするメディアのことです。SNSや動画投稿サイトなどがこれに該当します。

　このように、メディアにはさまざまな分類があり、目的や伝えたい内容に応じて、使い分けることが重要です。

● メディアは情報のやりとりを担う媒体

● メディアの分類

メディアの種類	メディアの具体例
情報メディア	テレビ、ラジオ、書籍、新聞など
表現メディア	文字、図、表、動画、音声など
伝達メディア	紙、インク、電波など

● 情報発信の方向におけるメディアの分類

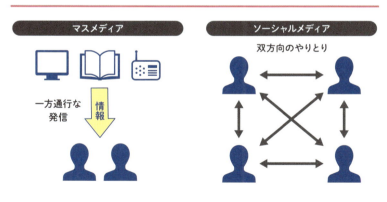

まとめ	□ メディアは情報のやりとりを担う媒体を指す □ メディアは、情報メディア、表現メディア、伝達メディアという分類がある □ マスメディアとソーシャルメディアという分類もある

SNS時代の作法を知る

● SNSをうまく活用するポイント

　Facebook や Instagram といった SNS の普及は、私たちの社会に大きな影響を与えました。その反面、SNS 上の炎上や誹謗中傷の問題は、日本のみならず、世界全体で大きな課題となっています。そのため、SNS を利用する際には次の点に注意することを押さえておきましょう。

　1つ目は、**個人を特定できる情報を投稿しないこと**です。SNS に自宅や会社周辺の写真を投稿したり、「いま新宿にいるよ」といった現在位置をつぶやいたりすることで、個人が特定され、待ち伏せ行為などの思わぬトラブルに巻き込まれる可能性があります。

　2つ目は、**肖像権などの他人の権利を侵害する内容を投稿しないこと**です。P.54 で解説しますが、肖像権とは、自分の写真を勝手に使われない権利であり、判例で認められています。そのため、街中などで撮影した不特定多数の写真であっても、当人の許可なく SNS に投稿することは、肖像権の侵害になります。そのため、掲載時は人物にぼかし処理を入れる、当人に事前に許可をとるといった対応が必要です。

　3つ目は、**差別や偏見を想起させる発言はしないこと**です。問題がなさそうに見える内容でも、人によっては差別や偏見だと受け止められる可能性があります。そのため情報を発信する際は「この内容で本当に問題がないか」を考え、特に企業で運用している SNS では、内容を複数名でチェックするなどの対応が必要です。SNS はリアルタイムな情報収集やマーケティングを効果的に行える便利なツールです。そのため、上記の点に注意しながらうまく活用しましょう。

● SNS利用時の注意点

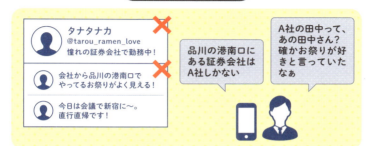

「この内容で本当に問題がないか」を考え、特に企業で運用しているSNSでは、内容を複数名でチェックするなどの対応が必要

まとめ	□ SNS利用時は「個人を特定できる情報を投稿しないこと」「他人の権利を侵害する内容を投稿しないこと」「差別や偏見を想起させる発言はしないこと」などの注意点がある

情報の信ぴょう性を
どうやって確かめる？

● フェイクニュースを見破る方法

　ネット記事やソーシャルメディアは誤りや信ぴょう性をチェックせずに個人が発信しているケースが多いため、**嘘のニュース（フェイクニュース）** が含まれている可能性が、他のメディアと比較して高くなります。そのため、情報収集にそれらのメディアを使う場合は、次のような情報の信ぴょう性を確認する手法が有効です。

　1つ目は、**一次情報を確認すること**です。特にニュースサイトでは、企業や組織が発表したニュースリリースをそのまま引用して掲載されていたり、あるサイトが制作した記事を引用して制作した記事が掲載されていたりすることがよくあります。このように、情報が複製されていくうちに、事実とは異なる情報が含まれてしまうことがあります。そこで、対象の記事について最も基となる情報（**一次情報**）を確認することで、正確な情報を入手することが可能です。

　2つ目は、**客観性のある記述かを確かめること**です。明確なデータや公式発表がないのに、記者個人が憶測で書いた記事も数多く存在します。そのため、売上データや視聴率といった明確なデータが添えられているかどうかを確認するとよいでしょう。根拠となるデータが添えられておらず、かつ露骨な表現で書かれているニュースは、記者が個人的な認識や感情で書いた可能性があります。

　3つ目は、複数のメディアから得た情報を照らし合わせる、**クロスチェック**です。1つのメディアだけで判断せずに、さまざまなメディアを参照して比較することで、対象のニュースが正確かどうかを精査することができます。

● フェイクニュースを見破るための手法

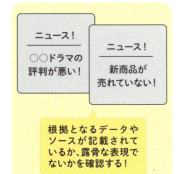

まとめ	□ フェイクニュースを見破るには、「一次情報を確認する」「客観性のある記述かを確かめる」「クロスチェックを行う」などの方法がある

021

THE BEGINNER'S GUIDE TO
INFORMATION STUDY Ⅰ

「著作権」「産業財産権」……
創作物に関わるさまざまな権利

● 創作物を保護するための権利

　インターネットが普及したことで、文章やイラスト、映像といった創作物をより多くの人に共有することができ、かつ他人の創作物を入手することも容易になりました。だからこそ、他人の創作物を利用する際のルールや注意点を認識する必要性が高まっています。

　人間の知的活動によって生み出されたものは**知的財産**といい、知的財産を生み出した人に与えられる、知的財産を守るための権利を**知的財産権**といいます。知的財産権には、文章やイラストといった文化に関する権利である**著作権**、特許や商標といった産業に関する権利である**産業財産権**があります。著作権は創作物を作った時点から自動で発生します。一方で産業財産権は、特許庁に申請して認められることで発生する権利です。著作権には、著作者の人格を保護する権利や、著作者の財産を保護する権利が含まれます。たとえば、著作物を勝手に変更したり、上映できないようにしたりすることが可能です。ただし、他人の著作物を一切利用してはいけないということではありません。**他人の著作物を使うには、ルールに従う必要があること**を理解しましょう。一方、産業財産権はさらに、特許権、実用新案権、意匠権、商標権の4つに分かれています。これらの権利は、新しい技術やデザイン、発明などを一定期間独占的に使用できるようにすることで、**模倣の防止や利益の保護、産業を発展させることを目的としています**。これらの制度を理解し、知的財産権を適切に扱うことは、文化や産業を守るために、重要な取り組みなのです。

● 知的財産権の分類

特許や商標といった産業に関する権利

思想または感情を創作的に表現したものに関する権利

● 産業財産権の分類

権利	概要
特許権	発明などを保護するための権利。特許法により、出願してから20年間権利を行使できる（一部は25年）
実用新案権	物品の形状、構造、組み合わせについての考案を保護するための権利。実用新案法により、出願してから10年間権利を行使できる
意匠権	モノのデザインを保護するための権利。意匠法により、出願してから最長25年間権利を行使できる
商標権	商品名やロゴなどを保護するための権利。商標法により、登録してから10年間権利を行使できるが、更新することで半永久的に権利を保持可能

まとめ
- ☐ 知的財産権には、産業財産権、著作権、その他の権利がある
- ☐ 産業財産権には、特許権、実用新案権、意匠権、商標権がある

情報社会に欠かせない法律や規則

● 情報社会の安全のための法律や規則がある

　インターネットが爆発的に普及した現在の社会では、インターネット検索を使えば多くの情報が手に入り、SNS によって世界中の人と容易にコミュニケーションができるようになりました。さまざまな点において利便性が向上した一方で、情報社会の安全のための法律や規則が制定されています。

　不正アクセス禁止法は、コンピュータやネットワークを利用した不正アクセスを禁止する法律です。具体的には、他人のユーザ ID やパスワードを無断で使う**なりすまし行為**や、他人のユーザ ID やパスワードを販売する行為、OS の欠陥（セキュリティホール）を狙った攻撃などが禁止されています。

　情報社会では、インターネット上における誹謗中傷の被害が後を絶ちません。**プロバイダ責任制限法**は、インターネット上で誹謗中傷などの権利侵害が発生した場合に、プロバイダが負う責任範囲を狭くするかわりに、権利侵害を行った者の氏名や IP アドレスなどの情報を提供可能にする法律です。プロバイダに、権利侵害者の情報開示を求めることは、**開示請求**と呼びます。なお、**プロバイダ**とは、インターネット接続を提供する事業者のことであり、ISP（インターネットサービスプロバイダ）とも呼びます。

　このように、情報社会の安全のための法律は、情報社会だからこそ発生した問題を解決するために制定されたものともいえるでしょう。

▶ 不正アクセス禁止法で禁止されている行為

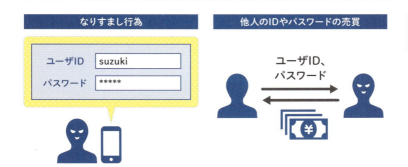

▶ プロバイダ責任制限法では開示請求が定められている

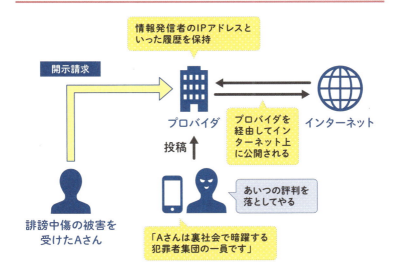

まとめ	□ 不正アクセス禁止法では、なりすまし行為や他人のIDやパスワードの売買などが禁止されている □ プロバイダ責任制限法では、開示請求が定められている

個人情報はなぜ重要？

個人情報の扱いを定めた法律

　現在の情報社会には、SNS の投稿や、商品の売り上げ、ネットショッピングの購買履歴など、実にさまざまなデータがあふれています。これらのデータは分析することで、企業の意思決定に利用することも可能であり、企業にとって重要な資産です。ただし、それらのデータは、個人情報に該当する場合もあるので、扱いには注意が必要です。

　個人情報は、生存する個人に関するものであり、氏名や生年月日などがデータに含まれていることで個人を特定できる場合、そのデータ全体のことを指します。また、マイナンバーや運転免許証番号といった、特定の個人を識別する**個人識別符号**を含むものも、個人情報に該当します。

　個人を特定できる情報なので、漏えいしたり第三者に提供したりしてしまうと悪用される危険性があります。そのため、企業や組織が個人情報を取り扱う際の管理や義務については**個人情報保護法**で定められています。個人情報保護法では、個人情報を扱う企業や組織を**個人情報取扱事業者**と呼びます。個人情報取扱事業者には、個人情報の利用目的を特定すること、事前に本人の同意を得ないで当初の利用目的の範囲を超えて個人情報を利用してはならないこと、不要になり次第対象のデータを削除することが義務付けられています。

　また、法律では規定されておらず判例で認められている権利として、著名人が勝手に名前や写真を使われない権利である**パブリシティ権**、自分の写真を勝手に使われない権利である**肖像権**があります。

● 個人情報とは

契約者情報
氏名：技術 太郎
性別：男
住所：東京都新宿区
　　　市谷左内町21-13

対象の情報によって
生存する個人を特定できる場合、
その情報全体を個人情報と呼ぶ

マイナンバー：
1234XXXXXXXX

運転免許証番号：
1234XXXXXXXX

特定の個人を識別する
個人識別符号を含むものも、
個人情報に該当する

Part 2

情報社会の問題解決

● 個人情報取扱事業者の義務

◎個人情報の利用目的を特定すること
◎事前に本人の同意を得ないで当初の利用目的の範囲を超えて生存する個人の情報を利用してはならない
◎不要になり次第、対象のデータを削除すること

まとめ
□ 対象の情報によって生存する個人を特定できる場合、その情報全体を個人情報と呼ぶ
□ 個人情報保護法は、個人情報取扱事業者が果たすべき義務を定めている

▶ Column

「情報Ⅰ」と「情報Ⅱ」は何が違う?

「情報Ⅰ」を発展させた科目として、高等学校では「情報Ⅱ」という科目もあります。「情報Ⅱ」は、2023年度から新たに実施された科目です。「情報Ⅰ」は必履修科目ですが、「情報Ⅱ」は選択科目なので、取り扱わない学校も存在します。

情報Ⅰは、情報社会で生活していくために知っておくべきモラルやルール、コンピュータサイエンス、データ活用の概要を学べる科目です。ただし、情報Ⅰだけでは実際に社会で活躍できるデジタル人材になれるわけではありません。情報Ⅱはそのための橋渡しになるように、より実践的な内容を学べる科目です。

たとえば、情報Ⅱでは、データ分析については、重回帰分析、主成分分析といった、具体的な分析手法を扱います。そこから機械学習なども含めてビッグデータを扱うデータサイエンスに発展し、人工知能の特性なども学びます。プログラミングについては、情報システムを設計・制作したりします。また、制作に関連してプロジェクト・マネジメントの手法なども学びます。

学校によっては、データを扱うための言語を学んだり、Webサイトとデータベースを連携させたりするような実習を行ったりするところも出てくるでしょう。

このように、情報Ⅱでは、情報Ⅰで学んだことをベースに、より高度かつ実践的な内容を学びます。IT企業の新入社員研修で扱う内容と似ているといえるかもしれません。情報Ⅰで学んだことに興味を持ったり、ITの仕事に就くことを考えたりしている学生にとっては、ぜひ履修しておきたい科目だと言えるでしょう。

THE BEGINNER'S GUIDE TO INFORMATION STUDY Ⅰ

Part

3

情報の効果的な伝達方法を学ぶ

コミュニケーションと
情報デザイン

この分野で学ぶこと

▶ コミュニケーションと情報デザインとは

本章では、P.12でも紹介した「**コミュニケーションと情報デザイン**」を解説します。

情報社会では、コンピュータやインターネットの普及により情報収集やコミュニケーションが容易になり、コミュニケーションの手段も多様化しています。本章ではまず、コミュニケーションの変遷や形態、使い分けについて解説し、場面に応じたコミュニケーション手段の選択方法について見ていきます。

また、コミュニケーションをとるには効果的な表現が必要です。そのためには、情報をわかりやすく伝達するための「**情報デザイン**」が欠かせません。人と人、人と機械、機械と機械のコミュニケーションまで考えると、世の中の全てのものが情報デザインの対象になるといえるでしょう。そこで、情報デザインの手法や代表的な考え方について解説し、どのような観点で情報を表現することが求められているのかを見ていきます。

そうした情報デザインは、現代ではデジタルデータによって表現されている場合が多いです。デジタルという言葉を聞いたことがある人が多いと思いますが、実際は何を指すのかわからない人も多くいるのではないでしょうか。本章の後半では、デジタルとは何か、音や画像はどのようにデジタル化されているのか、デジタルデータの圧縮について紹介します。それらを通じて、コンピュータへの理解を深めていきましょう。

▶ この分野で学ぶこと

コミュニケーションの手法
コミュニケーションの移り変わりとコミュニケーションの手法や使い分けについて解説する。

情報デザインとは何か？
情報デザインとは何か、コミュニケーションとは何かについて解説する。

アナログとデジタルとは
アナログとデジタルとは何か、デジタルの特徴について解説する。

音や画像のデジタル化
音や画像はどのようにデジタル化されているのか、そのステップについて解説する。

Part 3 コミュニケーションと情報デザイン

| まとめ | ☐ 本章では「コミュニケーションの手法」「情報デザインとは何か？」「アナログとデジタルとは」「音や画像のデジタル化」について解説する |

025 THE BEGINNER'S GUIDE TO INFORMATION STUDY I

コミュニケーションの歴史

● コミュニケーション手法は時代と共に変化してきた

　現在の社会では、電話やメール、チャットツールなどさまざまなコミュニケーションツールがありますが、そもそもコミュニケーションとは何でしょうか？

　コミュニケーションとは、人と人が意思疎通を行うことです。これには、**相手に自分の考えを伝えるだけではなく、相手の話を聞いて理解することも含まれます**。コミュニケーション手法は、時代と共にさまざまな技術が生み出され、その手段や形態も多様になってきました。

　文字がなかった時代には、声や身振り手振りのジェスチャーで意思疎通を行い、遠距離にいる相手には「のろし」を使って情報を伝えていました。その後、文字が発明されて、紙が発明されると、情報を記録として残せるようになりました。加えて印刷技術が発明されると、大量の印刷物を作ることが可能になり、より多くの人に同じ情報を届けられるようになります。それから、電話、ラジオ、テレビの登場で、離れた場所にいる人に対しても、より高速に情報発信を行えるようになりました。

　そして現在はインターネットが普及したことで、世界中の人々とリアルタイムにコミュニケーションができる社会になり、コミュニケーションにおける時間や空間といった制約は、ますます少なくなりました。

　このように、より多くの人と高速、かつリアルタイムにやりとりできるよう、コミュニケーション手法は発達してきたのです。

▶ コミュニケーション手法の発達

| まとめ | □ コミュニケーションとは、人と人が意思疎通を行うこと
□ より多くの人と高速、かつリアルタイムにやりとりできるよう、コミュニケーション手法は発達してきた |

026 THE BEGINNER'S GUIDE TO
INFORMATION STUDY I

コミュニケーションの形態と
効果的な使い分け

● コミュニケーションの形態には種類がある

　コミュニケーションの形態には、直接会って話をするだけではなく、電話や電子メール、チャットツールなどさまざまな種類があります。これらの形態は、いくつかの観点で分類することが可能です。

　情報の発信者と受信者の人数によって分類すると、**「1 対 1」「1 対多」「多対 1」「多対多」という分類**になります。たとえば、電話は「1 対 1」、ビジネスにおける会議は「多対多」に該当します。

　また、**同じ時間の中でやりとりする「同期的」、やりとりを同じ時間の中で共有しない「非同期的」という分類**もあります。たとえば、電話はリアルタイムで互いにやりとりするので「同期的」、電子メールはメールを受信した側がメールを読むタイミングを決められる、つまりメールの送信側と受信側がリアルタイムでやりとりしないため「非同期的」に該当します。

　これらの分類を理解することで、コミュニケーションの形態の使い分けに活かせます。特定の相手と 1 対 1 でリアルタイムにやりとりしたい場合は電話が適していますし、空いている時間に読んでもらえればいい内容は、電子メールやチャットツールがいいでしょう。また、リアルタイムに 1 対多のコミュニケーションをとりたい場合は、プレゼンテーションソフトなどを用いて発表したり、動画投稿サイトのライブ配信機能を使ったりする方法があります。

　このように、手法の特性を理解し、目的や利用シーンによって、これらの形態を使い分けると、効率的なコミュニケーションが可能です。

● コミュニケーションのさまざまな形態

	同期的	非同期的
1対1	特定の相手と、緊急性が高かったり、相手の反応を感じながら会話したい場合に適している。 例：電話	特定の相手と、緊急性が低かったり、記録を残したいやりとりに適している。 例：メールやチャットツール
1対多	多人数に対して、緊急性が高かったり、相手の反応を感じながら会話したい場合に適している。 例：プレゼンテーションや動画投稿サイトのライブ配信	多人数に対して、緊急性が低かったり、記録を残したいやりとりに適している。 例：ブログの記事や動画投稿サイトへの動画掲載

※ほかにも、多対1の例には街頭アンケート、
　多対多の例には会議やグループディスカッションなどがある。

Part 3 コミュニケーションと情報デザイン

まとめ	□ コミュニケーションの形態は、発信者と受信者の人数や、同期的・非同期的などで分類が可能 □ このような分類を理解することは適切なコミュニケーションの形態を選択するのに役立つ

027

THE BEGINNER'S GUIDE TO INFORMATION STUDY I

情報デザインで
使いやすく・わかりやすくする

▶「情報デザイン」という考え方を知ろう

　コミュニケーション手法が多種多様にある現在の社会では、それらを使って操作性を高めたり、情報をわかりやすく伝達するための方法や技術である**情報デザイン**も重要になりました。情報デザインには大きく、抽象化、可視化、構造化という3つの手法があります。

　抽象化とは、重要な点を取り出すことで物事の本質を捉えて表現する手法です。たとえば、ある店舗までのアクセスを示すには、その店舗にたどり着くのに必要な目印のみを取り出した、つまり抽象化した地図にするとわかりやすくなります。また、言語や人種に関わらず意味を示せる記号である**ピクトグラム**も、抽象化の代表的な例です。

　可視化とは、グラフや表、図を使うことで、視覚的にデータを整理する手法です。グラフや表にまとめることで、それまでは見えづらかった、データの特徴や傾向を表現することが可能です。たとえば、各店舗の売上データを眺めていても傾向は見えてきません。グラフや表にまとめることで、どの店舗の売上がいいのかなどをわかりやすく表現できます。

　構造化とは、物事の階層や関係を整理する手法です。たとえば書籍では、大見出しがあり、それに続く中見出しや小見出し、本文があります。これによって、情報の階層構造をわかりやすく表現しています。他にも、会社のWebサイトであれば「会社概要」「お知らせ」などをトップページに掲載し、株主向けの各期の決算情報などは「株主向け情報」のメニューにまとめるなどの階層化を行うことでユーザに情報をわかりやすく伝えることができます。

● 情報デザインの主な手法

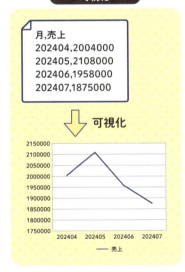

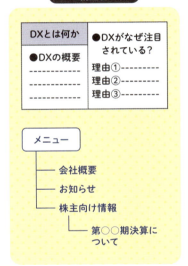

Part 3 コミュニケーションと情報デザイン

まとめ	☐ 情報デザインとは、操作性を高めたり、情報をわかりやすく伝達するための知識や方法、および技術 ☐ 情報デザインには、抽象化、可視化、構造化という3つの手法がある

65

028 THE BEGINNER'S GUIDE TO INFORMATION STUDY I

「ユニバーサルデザイン」と「バリアフリー」

● 誰にでもわかりやすく伝えるための工夫

　情報デザインにおいて、誰にとっても使いやすくするための考え方として代表的なものは、ユニバーサルデザインとバリアフリーです。

　ユニバーサルデザインとは、人種や言語、年齢、国籍、障がいの有無などによらず、誰にとっても使いやすく、かつ情報を正しく受け取れるようにするデザインのことです。たとえば、リンスと区別できるようにシャンプーボトルの側面についているキザミは、ユニバーサルデザインの代表例です。

　一方、**バリアフリー**は、すでにある障壁（バリア）を取り除くことです。たとえば、近頃増えている「バリアフリー字幕」は、セリフだけではなく、音楽や効果音なども字幕にする取り組みです。ユニバーサルデザインが「始めから障壁を取り除く」考え方であるのに対して、バリアフリーは「すでにある障壁を取り除く」考え方であるという違いはありますが、どちらも誰にとっても使いやすく、わかりやすくすることが目的なのは変わりません。

　また、わかりやすさを表現する言葉として、情報へのアクセスのしやすさを表す尺度である**アクセシビリティ**、アクセスできたうえでの使いやすさを表す尺度である**ユーザビリティ**があります。これらの用語は、製品やソフトウェアの開発などでもよく使われます。ただ情報が受け取れたり物が使えたりするだけではなく、より情報がわかりやすく、物が使いやすくなるよう工夫することで、誰にとっても生活しやすい社会の実現に近づけます。

● ユニバーサルデザインとバリアフリーの例

● アクセシビリティとユーザビリティ

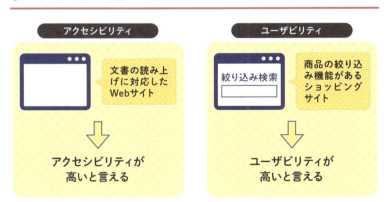

まとめ	□ 情報デザインにおいて、誰にとっても使いやすくするための代表的な考え方として、ユニバーサルデザインとバリアフリーがある □ アクセシビリティやユーザビリティへの配慮も重要

029 THE BEGINNER'S GUIDE TO
INFORMATION STUDY I

情報デザインを応用すれば
資料作成のスキルも向上する

● 資料作成と情報デザイン

　ビジネス文書は、顧客や取引先との認識をすりあわせる目的で作るので、見せ方を誤ると認識の齟齬が生まれ、トラブルにつながる可能性もあります。そのため情報をわかりやすく伝える情報デザインは、ビジネスにおいても重要な考え方です。

　ビジネスにおける、身近な情報デザインとしてはたとえば、**用途に適したフォントを選ぶこと**が挙げられます。明朝体やゴシック体がよく使われますが、教育業界や官公庁の場では多くの人にわかりやすく、読みやすいように文字の視認性を向上した **UD フォント（ユニバーサルデザインフォント）** がよく使われており、教科書にも採用されています。

　また、カラーユニバーサルデザインというキーワードも知っておくとよいでしょう。**カラーユニバーサルデザイン**は、年齢や色覚異常の有無などによって色の見え方に差異があっても、正確に情報を伝えることを目的とする手法です。たとえば、色分けしたグラフに、文言や説明も入れることで、色に頼った情報伝達を避けることが可能です。特に、プレゼンテーションなどで投影する資料や、白黒コピーで配布する資料などで、気を付けるとよいでしょう。

　P.64 で解説した、表やグラフによる「可視化」や階層構造を意識する「構造化」も、ビジネス文書において必須の手法です。このように情報デザインは、資料作成でも活用できる考え方なのです。

● 用途に適したフォントを選ぶ

明朝体
はねやはらいが特徴的なデザイン。長文でも読みやすい。文字量が多い文書に適切。

あ

ゴシック体
明朝体に比べてスッキリしたデザイン。プレゼンテーションやデジタルデバイスでの表示に適切。

あ

UDフォント
多くの人にわかりやすく、読みやすいように文字の視認性を向上させたデザイン。文字の判別性を上げたいときに適切。

あぱ

● カラーユニバーサルデザイン

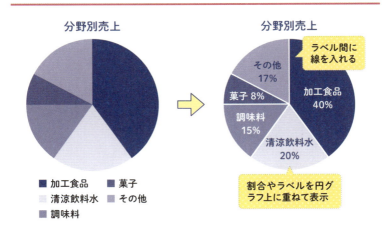

分野別売上

■ 加工食品　■ 菓子
　清涼飲料水　■ その他
■ 調味料

分野別売上
その他 17%
菓子 8%
調味料 15%
清涼飲料水 20%
加工食品 40%

ラベル間に線を入れる

割合やラベルを円グラフ上に重ねて表示

まとめ
- □ UDフォントとは、多くの人にわかりやすく、読みやすいように文字の視認性を向上させたデザイン
- □ カラーユニバーサルデザインは、年齢や色覚異常の有無などによって色の見え方に差異があっても、正確に情報を伝えることが目的の手法

030
THE BEGINNER'S GUIDE TO
INFORMATION STUDY I

「アナログ」と
「デジタル」の違い

● アナログとデジタルとはそもそも何か？

　これまで解説したコミュニケーションや情報デザインには、いまやコンピュータが欠かせません。そのコンピュータでは、画像や音声をはじめとするデータをどのように取り扱っているのか、そもそもアナログやデジタルとは何のことかを、ここから解説していきます。

　アナログとは、対象物を連続的に表現する手法です。たとえば風、温度、湿度など、自然界の現象にあるものはアナログが多いです。

　一方、デジタルとは、対象物を離散的に表現する手法です。たとえば、アナログ時計は刻々と経過する時間を秒針で表しますが、デジタル時計は変化する時間を一定間隔で区切って画面に表示します。デジタルは、一定間隔で区切って表現するのでデータが扱いやすくなる一方で、アナログでは表現できていた細かいニュアンスが無くなるという特徴があります。

　現在のコンピュータの多くはデジタルデータを扱っています。また、コンピュータで扱うデジタルデータはすべて、2進法で表現されます。2進法とは、0と1だけで数を表現する方法で、2進法で表現した数を2進数ということもあります。スマートフォンで撮影した写真や、チャットアプリの会話履歴、Webサイトなど、コンピュータ上で扱うすべての情報はデジタルデータになっています。0と1だけでそのような様々な情報を表現できるのは、0と1を複数個組み合わせることでできる、並び順や桁数のバリエーションによるものです。

● アナログとデジタル

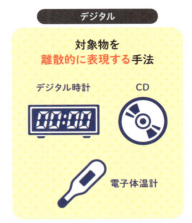

● コンピュータ上のデータはすべてデジタルデータ

まとめ	□ アナログとは、対象物を連続的に表現する手法 □ デジタルとは、対象物を離散的に表現する手法 □ 現在のコンピュータの多くはデジタルデータを扱っている

031 THE BEGINNER'S GUIDE TO INFORMATION STUDY I

デジタルデータの優れた点

● デジタルデータの特徴とメリット

　ほとんどのコンピュータはデジタルデータしか扱えないため、コンピュータを理解するには、デジタルの特徴を理解する必要があります。ここでは、デジタルの主な特徴を紹介しましょう。

　1点目は、**データの編集や加工が容易な点**です。デジタルデータは0と1という数値データなので、編集が容易です。たとえば、スマートフォンのアプリで写真を加工したり動画を編集したりするのが容易なのは、写真や動画がすべてデジタルデータになっているためです。

　2点目は、**データを統合的に扱える点**です。デジタルは数値データなので、コンピュータ上でさまざまな形式のデータを統合的に扱えます。たとえば、紙の書籍やメモ帳、写真のフィルムなど、アナログなものはそれぞれを別の媒体で扱う必要がありますが、デジタルなら電子書籍やテキストデータ、写真ファイルなど、1つのコンピュータ上で統合的にデータを扱えます。

　3点目は、**ノイズに強い点**です。デジタルでは、0と1という2つの数値だけでデータを表現します。具体的にいうと、コンピュータ内では、0は低い電圧、1は高い電圧を表します。そのため、デジタル信号にノイズ（不要な信号）が混じっても、信号の高低さえ判別できれば、0または1を割り当ててデータを復元することが可能です。

　また、データの圧縮が容易な点もデジタルの特徴です。圧縮については、P.76で詳しく解説します。

● デジタルデータの特徴

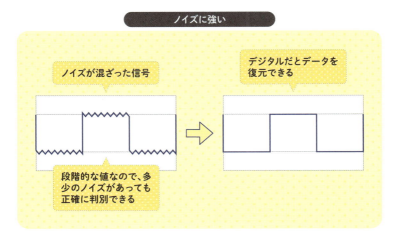

まとめ	□ デジタルデータには、データの編集や加工が容易、データを統合的に扱える、ノイズに強いといった特徴がある

032 THE BEGINNER'S GUIDE TO
INFORMATION STUDY I

音や画像をデジタルで
どう表現する？

▶ 音や画像をデジタル化する3ステップ

コンピュータ上のデータはすべてデジタルデータになっています。では、音声や画像はどのようにデジタル化されているのでしょうか。音声や画像のデジタル化には、標本化、量子化、符号化の3つのステップがあります。まずは、音声のデジタル化を説明しましょう。

1ステップ目の**標本化**とは、情報を一定間隔で区切って取り出すステップです。音声の場合は、アナログの電気信号を一定の時間間隔で区切り、その時間の波の高さを計測して取り出します。

2ステップ目の**量子化**とは、標本化で取り出した情報に対して、一定間隔で区切った値のうち、最も近い値を割り当てるステップです。音声の場合は、標本化で取り出したある時間における波の高さに対して最も近い段階値を割り当てます。標本化がx軸について一定間隔で区切るステップであり、量子化がy軸について一定間隔で区切るステップだと考えてください。

3ステップ目の**符号化**とは、量子化で割り当てた値を符号（コード）化することです。音声の場合は、量子化で割り当てた波の高さを、2進法で表した数値である2進数（P.70参照）に変換します。このように音声を2進数に符号化する方式は**PCM方式**といいます。

画像の場合も同じく上記の3つのステップでデジタル化を行います。画像の場合は、標本化で取り出す情報が一定間隔で区切った範囲の色の濃度、量子化で割り当てる情報が色の濃度を一定間隔で区切った段階的な値（**階調**）です。符号化では、量子化で割り当てた値を2進数に変換します。

▶ 音のデジタル化の3ステップ

ステップ① 標本化

情報を一定間隔で区切って取り出すステップ。

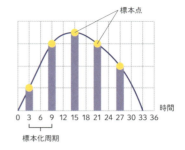

ステップ② 量子化

標本化で取り出した情報に対して、一定間隔で区切った値のうち、最も近い値を割り当てるステップ。

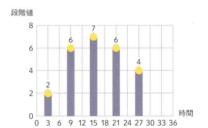

ステップ③ 符号化

量子化で割り当てた値を符号（コード）化するステップ。PCMでは2進法で表した数値に変換する。

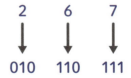

まとめ　□ 音声や画像のデジタル化には、標本化、量子化、符号化の3つのステップがある。

033 THE BEGINNER'S GUIDE TO
INFORMATION STUDY I

データの圧縮とはどういうことか？

● デジタルデータだからこそデータの圧縮が可能

　デジタルデータは0と1という2つの数字の羅列です。数学的なアルゴリズムに従って加工が容易なので、データの圧縮をすることも可能です。**圧縮**とは、元のデータ性質を維持しながらデータの容量を削減することです。たとえば、画像の圧縮形式には、PNG（ピング）やJPEG（ジェイペグ）があります。

　圧縮には、可逆圧縮と非可逆圧縮という種類があります。**可逆圧縮**とは、圧縮したデータをもとに戻す（展開する）際に、元のデータに完全に戻せる圧縮形式のことです。一方、**非可逆圧縮**とは、圧縮したデータを展開した際に元のデータに完全に戻せない圧縮形式のことです。非可逆圧縮は、完全に元に戻せない分、圧縮効率を高めており、可逆圧縮に比べてデータ容量を削減できる特徴があります。

　ここで、圧縮の例を紹介しておきましょう。**ランレングス圧縮**は、連続して現れる記号を、記号を繰り返す回数に置き換えて圧縮する形式であり、可逆圧縮の一種です。たとえば、「AAABBCCCCDDDDDD」というデータはAが3回、Bが2回、Cが4回、Dが6回それぞれ連続して現れるので、ランレングス圧縮すると、「A3B2C4D6」と表せます。元のデータが15桁あるのに比べて、圧縮後のデータは8桁なので、7桁分のデータが圧縮できています。

　このように、スマートフォンで管理している写真データや写真の加工アプリ、データの圧縮などの当たり前のように利用している機能は、デジタルデータだからこそ実現されている機能だと言えるでしょう。

● データ圧縮の種類

可逆圧縮	非可逆圧縮
圧縮したデータを展開した（もとに戻すこと）際に元のデータに完全に戻せる圧縮形式	圧縮したデータを展開した際に元のデータに完全に戻せない圧縮形式。圧縮効率を高めて、よりデータ容量を削減できるのが特徴

● 画像形式の種類

画像形式	概要
BMP（ビットマップ）	無圧縮の画像形式。 圧縮していないためデータ容量は大きくなる
PNG（ピング）	可逆圧縮の画像形式
JPEG（ジェイペグ）	非可逆圧縮の画像形式

● ランレングス圧縮

連続して現れる記号を、記号を繰り返す回数に置き換えて圧縮する

データ容量を削減できる

まとめ
- ☐ 圧縮には、可逆圧縮と非可逆圧縮という種類がある
- ☐ ランレングス圧縮は、連続して現れる記号を、記号を繰り返す回数に置き換えて圧縮する形式

● Column

情報Ⅰ教科書は教科書会社ごとにどう違う？

　本書をお読みになり、実際に情報Ⅰの教科書を手に取って読んでみたいと思った読者もいるのではないでしょうか。情報Ⅰの教科書にもかなりの数がありますので、教科書会社ごとにどのような違いがあるのか、比較ポイントをいくつかご紹介します。

　まず内容面に関しては、教科書により分野ごとの扱いの量が異なる場合があります。たとえば、多くの教科書ではプログラミングに対して大きくページ数は割かれていませんが、実教出版の「情Ⅰ 703」のように Python（パイソン）に特化し、約 50 ページにわたって計測・制御やシミュレーションまで本格的に学べる教科書もあります。その他にも、情報デザインやシミュレーションに手厚い教科書もあれば、あっさりとしている教科書もあります。

　また、章末や巻頭・巻末などの資料で、情報科学に貢献した人物、最新技術の紹介などを掲載し、読み物として飽きさせない工夫も見られます。どんなトピックを扱っているかという観点で比べても、教科書ごとの個性が見られて興味深いところです。

　さらに教科書の構成に着目すると、実習に重きを置いた教科書があります。たとえば東京書籍の「情Ⅰ 702」や日本文教出版の「情Ⅰ 712」では、実習形式で取り組む問題解決のテーマ集のような章があったり、ワークブックのような体裁だったりしています。他の生徒とともに、学んだことを実践することで学習効果が上がるような工夫がなされています。

　学校で扱う教科書は、各都道府県の教科書供給会社で個人購入できますので、ぜひ手に取ってみてはいかがでしょうか。

THE BEGINNER'S GUIDE TO INFORMATION STUDY Ⅰ

Part

デジタル活用力の基礎を身につける

コンピュータと
プログラミング

034
THE BEGINNER'S GUIDE TO INFORMATION STUDY Ⅰ

この分野で学ぶこと

● コンピュータとプログラミングとは

　本章では、P.12 でも紹介した「**コンピュータとプログラミング**」を解説します。

　コンピュータは、ハードウェアとソフトウェアから構成されており、さらにハードウェアは大きく5つの装置で構成されています。それらを学ぶことで、コンピュータのしくみについて理解しましょう。また、デジタルコンピュータ上で扱うデータはすべてデジタルデータだとすでに解説しましたが、2進法ではどのように計算するのか、コンピュータ内部ではどのような演算が行われているのかも見ていきます。

　コンピュータ上ではさまざまなアプリケーションが実行されますが、アプリケーションなどを開発するには、プログラミングの知識が必要不可欠です。そこで、プログラミングによって何ができるのか、プログラミングで欠かせない考え方である「アルゴリズム」と、アルゴリズムを表す記法について解説します。また、実際のプログラミング言語を用いたプログラムの例も紹介します。

　本章の最後では、昨今話題の AI（人工知能）の特徴や、その上手な使い方についても解説します。AI はさまざまな分野で活用されており、IT のなかでも特に注目度が高い技術です。AI の基礎知識を学ぶことで、IT への理解をより深めていきましょう。

● この分野で学ぶこと

コンピュータの構成

コンピュータを構成するハードウェアとソフトウェア、ハードウェアを構成する装置について解説する。

2進法と論理演算

2進法の計算方法や情報量の表し方、および「論理回路」について解説する。

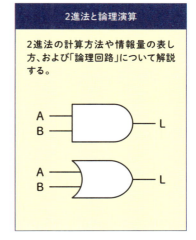

プログラミングとアルゴリズム

プログラミングとは何か、アルゴリズムとそれを表す記法について解説する。

AIとは何か

AI、機械学習、ディープラーニングとは何か、生成AI利用時の注意点について解説する。

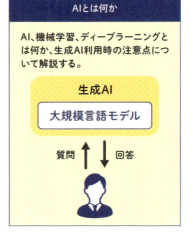

まとめ

□ 本章では「コンピュータの構成」「2進法と論理演算」「プログラミングとアルゴリズム」「AIとは何か」について解説する

035 THE BEGINNER'S GUIDE TO INFORMATION STUDY I

身の回りにあふれている
コンピュータ

● コンピュータ無しには成り立たない現代社会

　現在の情報社会では、あらゆるところにコンピュータが使われています。一見コンピュータと関わりがないように見えるものでも、実は裏側でコンピュータが使われているものもよくあります。

　私たちの一番身近にあるコンピュータといえば、スマートフォンでしょう。スマートフォンの普及により、いつでもインターネット接続できるようになり、外出先でも音楽や動画を楽しめるようになりました。ビジネスではデスクトップやノートパソコンが必要不可欠ですし、注文の際にタブレットを使う飲食店も増えました。

　さまざまなものをインターネット接続する **IoT（Internet of Things）** という技術を用いた、**IoT 家電** も普及しています。IoT により、エアコンやお掃除ロボットといった家電にもネットワーク通信を行うコンピュータが組み込まれるようになりました。

　また、コンビニエンスストアやスーパーにいつもたくさんの商品が並んでいるのは、在庫管理を行う **POS システム** のおかげです。POS システムと本部のシステムなどが連携することで、どの商品をどの店舗にいつ補充するべきか管理します。

　さらに、電車の運転を制御するシステムや、バスの現在位置がわかるようにするサービスなど、交通においてもコンピュータは重要な役割を果たしています。コンピュータでアクセルやブレーキ、ハンドルなどを制御する自動運転の研究も進められています。このように、現在の社会はコンピュータなしでは成り立ちません。そのため、コンピュータを深く理解し活用する力が必要になります。

● 社会にあふれるコンピュータの存在

Part 4 コンピュータとプログラミング

まとめ	☐ 現在の情報社会では、あらゆるところにコンピュータが使われている

036
**THE BEGINNER'S GUIDE TO
INFORMATION STUDY I**

「ハードウェア」と
「ソフトウェア」とは

● 「ハードウェア」と「ソフトウェア」の役割分担

コンピュータは、ハードウェアとソフトウェアから構成されています。**ハードウェア**はコンピュータの物理的な機械の部分を、**ソフトウェア**はハードウェア上で動作するプログラム（コンピュータへの処理手順を示したもの）のことを指します。ハードウェアとソフトウェアが分かれていることで、1つの機械でさまざまな仕事ができるしくみになっています。

ソフトウェアにはさらに、基本ソフトウェアと応用ソフトウェアという分類があります。**基本ソフトウェア**とは、名前の通りソフトウェアを動かすための土台となるソフトウェアのことで、**OS (Operating System)** とも呼びます。OSには、データを「ファイル」というまとまりで管理する「ファイル管理」の機能や、コンピュータ上でさまざまな応用ソフトウェアを同時に実行できるよう、処理（タスク）を管理する「タスク管理」の機能があります。代表的なOSとしては、Microsoft社のWindowsや、Apple社のmacOS、Google社のChromeOSなどがあります。また、スマートフォンのOSには、Google社のAndroid、Apple社のiOSなどがあります。

一方、**応用ソフトウェア（アプリケーションソフトウェア、単にアプリとも呼ぶ）**は、基本ソフトウェア上で動作する、特定の役割を持ったソフトウェアです。たとえば、表計算ソフトや文書作成ソフトが該当します。なお、スマートフォンもコンピュータのため、これらのしくみはスマートフォンも同じです。いわゆる「スマホのアプリ」はすべて応用ソフトウェアです。

84

● ハードウェアとソフトウェア

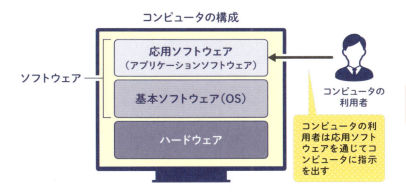

● ハードウェアとソフトウェアの具体例

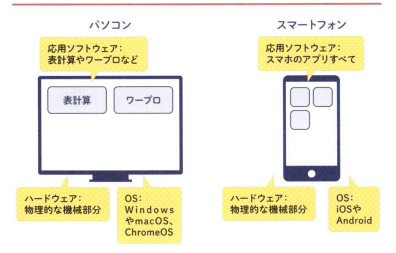

まとめ	□ コンピュータは、ハードウェアとソフトウェアから構成されている □ ハードウェアはコンピュータの物理的な機械の部分 □ ソフトウェアはハードウェア上で動作するプログラム

037 THE BEGINNER'S GUIDE TO INFORMATION STUDY I

コンピュータの五大装置

▶ コンピュータは5つの装置で構成される

コンピュータのうち、ハードウェアは、入力、出力、記憶、演算、制御という5つの装置で構成されます。これを、**コンピュータの五大装置**と呼びます。順番に紹介しましょう。

入力装置とは、コンピュータに実行してほしいことを入力するための装置です。たとえば、マウスやキーボード、マイクが該当します。

出力装置とは、コンピュータが処理した結果を出力する装置です。たとえば、ディスプレイやプリンタ、スピーカーが該当します。

記憶装置とは、データを保存する装置です。記憶装置には、命令やコンピュータが処理中のデータなど、一時的なデータを記憶する**主記憶装置（メインメモリ）**、長期的なデータを記憶する**補助記憶装置（ストレージ）**があります。

演算装置とは、制御装置の命令により、記憶装置からデータを取り出して、演算を行い、記憶装置に結果を書き戻す装置です。

制御装置とは、記憶装置から命令を取り出して解釈し、上記の装置が互いに連携しながらうまく動作するよう、制御する装置です。演算装置と制御装置はあわせて、**CPU（Central Processing Unit：中央処理装置）**ともいい、コンピュータの頭脳と呼べる部分です。

このように、コンピュータは5つの装置が互いに連携することで、さまざまな処理を実現しています。なお、スマートフォンの場合は、タッチパネルが搭載されているため、入力装置と出力装置が一体化している仕組みになっています。

● コンピュータの五大装置

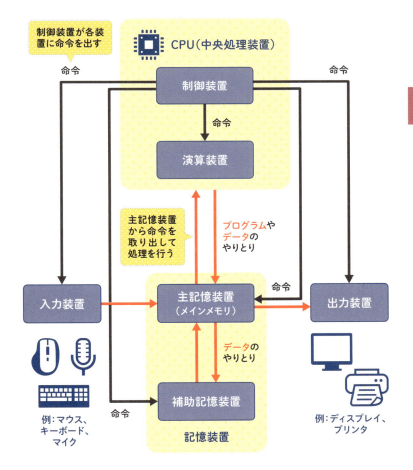

まとめ	□ ハードウェアは、入力、出力、記憶、演算、制御という5つの装置で構成されている □ 5つの装置が互いに連携することでコンピュータは動作する

038 THE BEGINNER'S GUIDE TO INFORMATION STUDY I

コンピュータで扱う2進法の計算方法とデータ量の表し方

● 2進法ではどのように計算するのか

　P.70でも解説したように、コンピュータ上のデータは基本的にすべてデジタルデータであり、デジタルデータは2進法で表現されます。2進法は馴染みがない人が多いと思いますが、どのように計算するのでしょうか？

　2進法には0と1しかないため計算は、0+0=0、0+1=1、1+0=1、1+1=10という4つのパターンしかありません。普段私たちが使っている10進法は値が10になるタイミングで桁が1つ上がりますが、**2進法では、値が2になるタイミングで桁が1つ上がる**ので、1+1=10になるということです。もう少し大きな桁数の計算だとたとえば、100+11=111になり、110+11の場合は、桁上りがあるため、1001になります。

　また、これらの情報量を表す単位についても紹介しておきましょう。2進法1桁で表す情報量のことを**ビット（bit）**と呼びます。つまり、1ビットの場合は、0または1という2つのパターンを表現できます。そして、8ビットのことを、**バイト（Byte）**と呼びます。1バイトは8ビット、1ビットは0と1を表現できるため、1バイトで表すことができる情報量は、256通り（2の8乗）になります。

　情報量の単位としては、バイトの1024倍（2の10乗）を表す**キロバイト（KB）**、キロバイトの1024倍を表す**メガバイト（MB）**などがあります。パソコンを購入する際、ストレージが512GBや1TBなど種類が存在しますが、これは、パソコンに保存できるデータの量を表しています。そのため、ストレージの容量が大きいほうが価格は高くなります。

● 2進法の計算方法

基本となる4パターン

```
   0        1        0        1◄┈ 桁が上がる
+) 0     +) 0     +) 1     +) 1
   0        1        1       10
```

100+11の場合

```
  100
+) 11
  111
```

110+11の場合

```
  110     1◄┈ 桁が上がる
+) 11
 1001
```

● 情報量の単位

単位	関係
bit（ビット）	情報量の最小の単位
B（バイト）	1B＝8bit
KB（キロバイト）	1KB＝1024B
MB（メガバイト）	1MB＝1024KB
GB（ギガバイト）	1GB＝1024MB
TB（テラバイト）	1TB＝1024GB

1024倍（2の10乗）

1024倍（2の10乗）

1024倍（2の10乗）

※通信速度などでは、キロは10の3乗、メガは10の6乗を表す場合もある

まとめ	□ 2進法では、値が2になるタイミングで桁が1つ上がる □ 2進法1桁で表す情報量のことをビット（bit）と呼ぶ □ 8ビットはバイト（Byte）と呼ぶ

Part **4**

コンピュータとプログラミング

039
THE BEGINNER'S GUIDE TO
INFORMATION STUDY I

2進法で計算する仕組み
「論理回路」

▶ 論理回路の組み合わせでさまざまな処理が行われる

コンピュータには、0と1を基に計算を行う回路である、**論理回路**が内蔵されています。コンピュータでは、0を「偽」、1を「真」として扱っており、P.86でも解説したCPUでは、論理回路によって計算を実行します。基本的な論理回路には、論理積回路、論理和回路、否定回路があります。

論理積回路は、2つの入力がともに1（スイッチがオン）のときのみ、出力が1になる回路です。**AND回路**とも呼びます。

論理和回路は、入力のいずれかが1（スイッチがオン）であれば、出力が1になる回路です。**OR回路**とも呼びます。

否定回路は、入力が0（スイッチがオフ）であれば1、入力が1（スイッチがオン）であれば0を出力とする回路です。**NOT回路**とも呼びます。

論理回路はそれぞれ右ページにある記号で表現され、入力値によって出力値がどうなるかをまとめた表を、**真理値表**と呼びます。

論理回路にはほかにも有名な回路があるので、用語を紹介しておきましょう。たとえば、**排他的論理和回路（XOR回路）**は、2つの入力が互いに異なるときに1、それ以外は0を出力する回路です。また、**否定論理積回路（NAND回路）**は、すべての入力が1のとき0、それ以外は1を出力する回路です。

コンピュータでは、このような論理回路をさまざまに組み合わせることによって、四則演算や条件判断、情報の記憶などのあらゆる処理を行っています。

● 基本的な論理回路

| 回路記号 | 真理値表 |

論理積（AND）回路

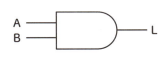

入力(A)	入力(B)	出力(L)
0	0	0
0	1	0
1	0	0
1	1	1

論理和（OR）回路

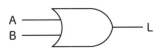

入力(A)	入力(B)	出力(L)
0	0	0
0	1	1
1	0	1
1	1	1

否定（NOT）回路

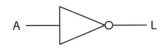

入力(A)	出力(L)
0	1
1	0

まとめ
- □ 基本的な論理回路には、論理積回路、論理和回路、否定回路がある
- □ コンピュータでは、論理回路を組み合わせることでさまざまな処理が実行されている

040

THE BEGINNER'S GUIDE TO
INFORMATION STUDY Ⅰ

プログラミングによって
何ができるのか

● プログラミングとは何か?

コンピュータを使うとさまざまな機能を高速で実行できるため、交通や流通など、社会のあらゆるところで活用されています。しかし、コンピュータは何も言わずとも勝手に処理を行ってくれるわけではありません。**コンピュータに何か処理を行わせるには、人間がコンピュータに対して、実施してほしいことを指示する必要があります。**それには、プログラムが必要です。

プログラムとは、コンピュータへの処理手順を記したデータのことです。そして、プログラムを作成することを**プログラミング**といい、プログラミングをするための言語を**プログラミング言語**といいます。つまり、人間がプログラミング言語を使って作ったプログラムを、コンピュータ上で実行することで初めて、コンピュータに目的の処理を行わせることができるのです。

人間が使う言語に、日本語や英語、中国語といった種類があるように、プログラミング言語にもさまざまな言語が存在し、それぞれ特徴が異なります。たとえば、**C言語**はハードウェアの制御が得意な言語です。また**Python(パイソン)**は初心者にもわかりやすい記法が特徴であり、データ分析やAI開発によく使われる言語です。その他にも、**JavaScript(ジャバスクリプト)**はWebサイトの画面に動きを付けるために使用され、さまざまなWebサービスで最もよく使われる言語の1つです。このように、目的にあわせて、どのプログラミング言語を使うべきか検討する必要があります。

● プログラムはコンピュータへの指示書

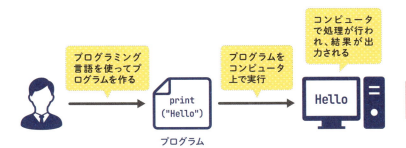

● 主なプログラミング言語

プログラミング言語	概要
C言語	ハードウェアの制御が得意で、実行速度が速い
C++（シープラプラ）	C言語に改良が加えられた言語。C言語同様、ハードウェアの制御が得意
Java（ジャバ）	開発したプログラムをさまざまなOS上で実行できる。スマホアプリから大規模システムの開発まで行える
Python（パイソン）	初心者にもわかりやすい記法が特徴。データ分析やAIによく使われ、近年人気が高い
JavaScript（ジャバスクリプト）	Webサイトの画面に動きをつけたり、Webアプリの作成などに使われる

まとめ
- □ プログラムは、コンピュータへの処理手順を記したデータ
- □ プログラミング言語には種類があるため、目的にあわせて適切な言語を選ぶ必要がある

041

THE BEGINNER'S GUIDE TO INFORMATION STUDY Ⅰ

プログラミングで必要な「アルゴリズム」とは

● プログラミングではアルゴリズムの検討が重要

　コンピュータに何か処理を行わせるには、プログラムが必要ですが、ただやみくもにプログラミングしても、欲しい結果は得られません。目的のためにどのような処理を実行させる必要があるのか、明確にする必要があります。このように、特定の目的を達成するための決まった処理手順のことを、**アルゴリズム**と呼びます。たとえば、目玉焼きを作るためには、フライパンに卵を割る→フライパンにふたをする→火が通るまで焼くという手順が必要ですが、これもれっきとしたアルゴリズムです。

　アルゴリズムは文章のみで表すとわかりにくい場合が多いため、**フローチャート**と呼ばれる記法を用いて表すことがよくあります。フローチャートとは、処理の手順を、四角形や丸などの記号と線であらわす記法のことです。フローチャートは縦向きに書き、処理手順を上から下に向かって、順番に記載します。アルゴリズムを表す方法としては、アクティビティ図 など、フローチャート以外の方法もあります。

　プログラミングする際は、事前にアルゴリズムを検討します。それは、同じ目的であっても、手順や順番はさまざまだからです。たとえば、「朝の身支度をする」という目的の場合、朝ご飯を食べてから着替えるか、着替えてから朝ご飯を食べるか、のように考えられる順番はさまざまですし、そもそも朝ご飯を食べるのかどうかというように、どの手順を組み込むべきかどうかも検討の余地があります。そのため、効率よく目的を達成するアルゴリズムを事前に検討しておくことが、よいプログラム作りにつながります。

● フローチャートに用いる主な記号

記号	名称	概要
（角丸長方形）	端子	処理の開始と終了
（長方形）	処理	処理
（ひし形）	判断	条件による処理の分岐
（上側角丸）	ループ始端	繰り返しの開始
（下側角丸）	ループ終端	繰り返しの終了
｜	流れ線	処理の流れ。矢印を使うこともある

● フローチャートの例

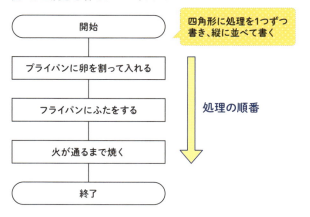

例：目玉焼きを作るアルゴリズム

四角形に処理を1つずつ書き、縦に並べて書く

処理の順番

まとめ
- □ 特定の目的を達成するための決まった処理手順のことを、アルゴリズムと呼ぶ
- □ プログラミングする際は、事前にアルゴリズムの検討が必要

042 THE BEGINNER'S GUIDE TO
INFORMATION STUDY I

「アルゴリズム」の基本構造

● アルゴリズムの基本的な3つの構造

　アルゴリズムには、順次、分岐、反復という3つの基本構造があ
ります。すべてのアルゴリズムは、この3つの構造の組み合わせで
成り立っています。1つずつ解説していきましょう。

　順次とは、処理を順番に実行する構造です。たとえば、お湯を沸
かす際に必要な、やかんに水を入れる→やかんを火にかけるという
手順は、手順をただ順番に実行しているので、順次構造です。

　分岐とは、ある条件で処理を分岐させる構造です。たとえば「晴
れていたら買い物して帰るが、曇りや雨の場合は直帰する」ケース
なら、天気によって処理を分岐させているので、分岐構造です。なお、
条件は複数設けることも可能です。「晴れており、かつスーパーの特
売日なら買い物して帰る」は、晴れているかどうか、スーパーの特
売日かどうかという、2つの条件を設けた分岐構造といえます。

　反復とは、ある条件を満たしている場合に、同様の処理を繰り返
す構造です。たとえば「10個のイチゴを1つずつ洗う」というケー
スなら、イチゴを1つ洗う行為を10回繰り返しているといえるので、
反復構造です。

　どんな複雑なアルゴリズムであっても上記の3つの構造で成り立っ
ています。たとえば「購入から2日以上経っているイチゴが冷蔵庫
にある場合は、イチゴをすべて洗う」ケースなら、「購入日」という
条件が設けられているため、分岐と反復の組み合わせになります。

　この3つの基本構造を理解することが、アルゴリズムを整理して
プログラムを作れるようになることにつながります。

● アルゴリズムの基本構造

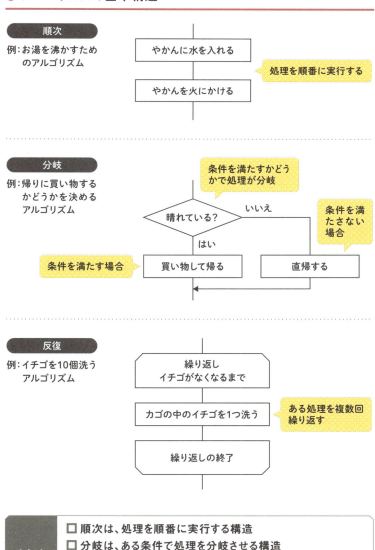

| まとめ | □ 順次は、処理を順番に実行する構造
□ 分岐は、ある条件で処理を分岐させる構造
□ 反復とは、ある条件を満たしている場合に、同様の処理を繰り返す構造 |

043 THE BEGINNER'S GUIDE TO
INFORMATION STUDY Ⅰ

具体的なPythonプログラムを
見てみよう

● Pythonのプログラム例を見てみよう

　P.92で述べたように、プログラミング言語にはさまざまな種類があります。ここでは、Python（パイソン）を使った具体的なプログラム例を見てみましょう。

　ある配列から対象の数字（以降、探索値と呼ぶ）が何番目にあるのかを探すアルゴリズムを、**二分探索**といいます。配列とは、値を入れられる箱が複数連なったロッカーのようなものだとイメージして下さい。二分探索では、対象の配列が事前にソート済みである場合に、はじめに配列の中央値を取得し、中央の値と探索値の大小を比較します。配列がソート済みなので、もし、中央値より小さい場合は、中央値の左側に探索値が存在すること、中央値より大きい場合は、中央値の右側に探索値が存在することがわかります。

　二分探索をPythonで表すと、次ページのプログラムになります。プログラム1～15行目までは探索処理のまとまりです。これを18行目で呼び出すことで、探索処理を実行します。ここでは探索値「30」が対象の配列「1、8、11、15、22、30、38」のどこに存在するかの探索を実施しています。

　6行目「while min <= max:」は反復構造を表します。そして8行目「if target < values[mid]:」は探索値が中央値（ここでは15）より小さいかどうかを判定する分岐構造です。これにより、数列のどちら側を探索するべきかを判定しています。

　最終的にこのプログラムを実行すると「30は6番目の要素です」と出力されます。

● 二分探索のしくみ

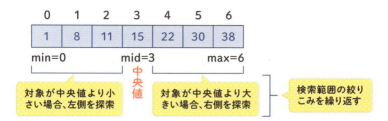

● 二分探索を行うPythonプログラム

```
001  def search(target):
002      values = [1, 8, 11 , 15 , 22 , 30 , 38]   # 対象の配列
003      min = 0   # 最小値
004      max = len(values) - 1   # 最大値
005
006      while min <= max:
007          mid = (min + max) // 2   # 中央値を計算
008          if target < values[mid]:   # 中央値より小さい場合
009              max = mid - 1
010          elif target > values[mid]:   # 中央値より大きい場合
011              min = mid + 1
012          else:
013              return mid, values[mid]   # 探索結果を返す
014
015      return None, None
016
017
018  mid, result = search(30)   # 探索値を渡す
019  if mid is None:
020      print("見つかりませんでした")   # 探索値が配列に含まれない場合
021  else:
022      print(f"{result}は{mid+1}番目の要素です")   # 探索値が配列に含まれていた場合
```

まとめ
☐ 二分探索とは、ある配列から対象の数字が何番目にあるのかを探すアルゴリズム

044 THE BEGINNER'S GUIDE TO
INFORMATION STUDY I

AI（人工知能）は
なぜ注目を集めているのか

● AIとは何か

　近ごろ、ニュースやネット記事で AI というキーワードを目にする機会が多いのではないでしょうか。**AI（Artificial Intelligence：人工知能）** は、人間が行うような思考や認識をコンピュータ上で模倣または再現する技術です。「機械学習」という技術（P.102 参照）によって、データの特徴などを AI 自ら見つけ出せるようになっています。そのため、AI に新たなデータを入力すると、AI は学習済みの内容をもとに、自動で予測や判断などを行えます。たとえば、売上の予測や、購買履歴から商品をおすすめする「レコメンデーション」、質問の内容を理解して自動応答する「チャットボット」などです。このように実にさまざまな分野において AI が活用されるようになっており、非常に注目されています。

　AI の代表的な機能には、画像認識、音声認識、自然言語処理があります。

　画像認識とは、画像内の対象物を認識する機能です。たとえば大量の犬と猫の画像を学習させることで、別の画像に写る動物が犬か猫か識別させたり、犬と猫の画像をグループ分けさせたりできます。

　音声認識とは、音声をもとにテキストを起こす機能です。たとえばスマートフォンに対して話しかけるとインターネット検索が行える「音声入力」機能は、AI の音声認識を活用したものです。

　自然言語処理とは、人間が普段使う言葉（自然言語）を理解する機能です。単語の意味や切れ目を理解することで、コンピュータが自然な応答を返せるようになっています。

● AIの代表的な機能

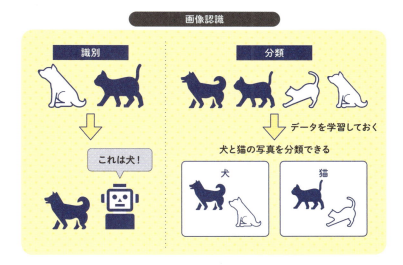

まとめ	□ AIは、人間が行うような思考や認識をコンピュータ上で模倣または再現する技術 □ AIの代表的な機能には、画像認識、音声認識、自然言語処理がある

045 THE BEGINNER'S GUIDE TO
INFORMATION STUDY Ⅰ

機械学習とディープラーニングの
仕組みを知る

● AI・機械学習・ディープラーニングの違い

AIとあわせてよく聞く言葉として、機械学習というキーワードがあります。AIと機械学習は、何が違うのでしょうか。また、一緒に押さえておきたい、ディープラーニングについても解説しましょう。

機械学習とは、データの特徴などをコンピュータが自ら見つけ出すようにする技術のことです。膨大なデータを学習させることで、適切な予測や判断をすることが可能になります。AIはあくまで「人間が行うような思考や認識をコンピュータ上で再現する技術」という大きな概念であり、**機械学習はAIを実現するための技術**と言えます。また、機械学習によって、予測や判断ができるようになったしくみのことを、**モデル**と呼びます。モデルには目的別にさまざまなものがあり、言語処理を行うモデル、感情分析を行うモデル、質問応答を行うモデルなどがあります。**ディープラーニング（Deep Learning：深層学習）**とは、人間の脳神経回路を模したモデル（ニューラルネットワーク）を使った機械学習のことです。データを入力する「入力層」とデータを出力する「出力層」の間に複数の「中間層（隠れ層）」と呼ばれる層を設け、中間層を3層以上に増やしたものがディープラーニングです。中間層の数を増やすことで分析精度を向上させ、より複雑な予測や判断を実現する技術です。

大まかにまとめると、AIという大きな技術の枠組みの中に機械学習があり、その一種としてディープラーニングがあるという関係になります。これらはニュースやビジネスにおいてもよく見聞きする用語なので、覚えておくと話の理解度や解像度の向上につながるでしょう。

● AIと機械学習、モデルの関係

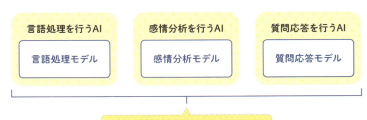

● ディープラーニングのイメージ図

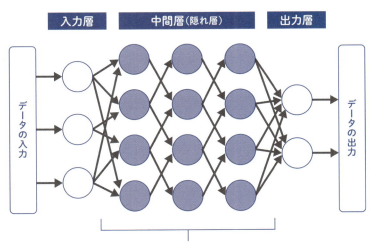

入力層と出力層を直接接続せずに、
中間層を多層化することで複雑な判断を実現する

まとめ	□ 機械学習とは、データの特徴などをコンピュータが自ら見つけ出すようにする技術 □ ディープラーニング（深層学習）とは、人間の脳神経回路を模したモデルを使った機械学習

046 THE BEGINNER'S GUIDE TO INFORMATION STUDY I

生成AIは諸刃の剣？

▶ 生成AI利用時の注意点

　2022 年、OpenAI 社が公開した ChatGPT（チャットジーピーティー）は現在の情報社会に大きな影響を与えました。ChatGPT は、文章やイラスト、音声といったコンテンツを自動で生成できる、**生成 AI** の一種です。文章生成 AI は、質問すると、あたかも人間のように自然な言葉で返してくれるので、コンテンツ生成だけではなく、よき相談相手のように利用することも可能です。文章生成 AI が生成する自然なテキストは、膨大なテキストデータを学習し、文章の意味や文脈を高い精度で捉えられる、**大規模言語モデル（LLM：Large Language Model）** によって実現されています。

　生成 AI は、膨大なデータを学習し、そのデータを元にして回答やコンテンツを生成します。しかし、学習の元になるデータが間違いや偏りを含んでいたり、データ同士の関係性を誤って学習してしまったりする可能性があります。さらに、人間のように意味を考慮せず、次に来る単語やフレーズを確率的に予測するという生成 AI の仕組み自体が間違いを生むことがあります。このように、誤ったり偏ったりした内容にもかかわらず、それをあたかも正しいことのように AI が回答する現象を、**ハルシネーション（幻覚）** と呼びます。そのため、AI が出した結果が本当に正しいのか、自分で複数の文献を調べて照らし合わせるなどして、確認する必要があります。

　生成 AI は業務の効率化や新しいビジネスの開発にも活用しうる、大変注目が高まっている技術です。そのため上記の点を理解しつつ、うまく活用するようにしましょう。

● 生成AIとは

● ハルシネーションに注意

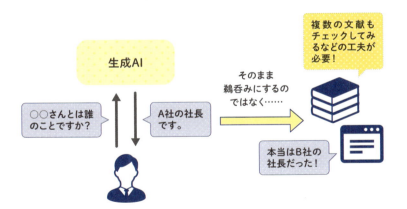

| まとめ | ☐ 生成AIは、文章やイラスト、音声といったコンテンツを生成できるAI
☐ AIを利用する際は、ハルシネーションに注意が必要 |

● Column

共通テスト用プログラム表記

　プログラミング言語にはさまざまな種類があり、どの言語を習得するかは、使用する目的や人の好みの影響を受けます。そのため共通テストでは、受験者の公平性を期すために、共通テスト用プログラム表記（以下、専用表記）で出題されます。これは実際に実行するためのプログラミング言語ではなく、試験用に定義された表記です。実際のシステム開発に利用できるプログラミング言語ではないので、ビジネスパーソンやエンジニアが目にする機会はあまりないでしょう。また、現在出版されている情報Ⅰの教科書にも専用表記が取り上げられている例は少ないため、普段の授業において専用表記でプログラミングを学んでいる学生は少ないかもしれません。

　ただし、共通テストでは出題されるので、共通テストの受験を考えている生徒は、共通テスト「情報Ⅰ」試作問題（https://www.dnc.ac.jp/kyotsu/shiken_jouhou/r7/r7_kentoujoukyou/r7mondai.html）に一度目を通しておくとよいでしょう。

　専用表記では、一部の文法を日本語で記述します。たとえば、反復構造を表す場合、Python なら for 文と呼ばれる記法などを使いますが、専用表記では「変数を 0 から 5 まで増やしながら繰り返す」のように日本語で記述します。一般的なプログラミング言語の記法を日本語に落とし込んだものなので、Python や Java など、なんらかのプログラミング言語を学んでいれば、読み解くのは容易です。そのためプログラミングの勉強は、専用表記で学ぶよりは、一般的なプログラミング言語で学び、共通テストを受験するなら専用表記にも目を通しておくという勉強方法がよいでしょう。

THE BEGINNER'S GUIDE TO INFORMATION STUDY Ⅰ

Part 5

情報通信網への理解を深める

情報通信ネットワークとデータの活用

047 THE BEGINNER'S GUIDE TO
INFORMATION STUDY I

この分野で学ぶこと

● 情報通信ネットワークとデータの活用とは

「**情報通信ネットワークとデータの活用**」の分野で学ぶ内容は、現代社会において必要不可欠な**情報システム**の仕組みから、情報システムの中で生まれる**データを活用する技術**まで、多岐にわたります。

情報システムを支える情報通信ネットワークにおいては、通信内容の傍受などを目的とした、外部からの攻撃を常に想定しなければなりません。情報Ⅰにおいては、そうした情報通信の安全に対する重要性とともに、どのような対策が必要なのか、どのような技術が使われているかといったことも学びます。

また、情報システムを通じて、膨大なデータが日々データベースに蓄積され続けています。実社会では、こうしたデータを分析し、現状抱えている問題を把握することで、改善策や行動の指針の検討が行われています。つまり膨大なデータを有効に活用することは、問題の発見・解決や、新たな価値の創造につなげられているのです。この分野では、将来そうしたことができる人材を育てるべく、データ活用の基礎的な知識や技術を学びます。

しかし、将来に対する意思決定を行うときに、必ずしも過去のデータを集めたり、参考にしたりできるとは限りません。そのようなときに必要な技術が**シミュレーション**です。自分で仮説やモデルを設定し、そのもとで自分が知りたいことが将来どのように変化していくのかを導きます。当然、仮説のもとで行う予測なので、正しい結論が得られるとは限りません。問題解決のプロセスに基づいて、モデルを改善し、シミュレーションをする必要があります。

108

● 情報システムを軸とした情報技術とデータの活用

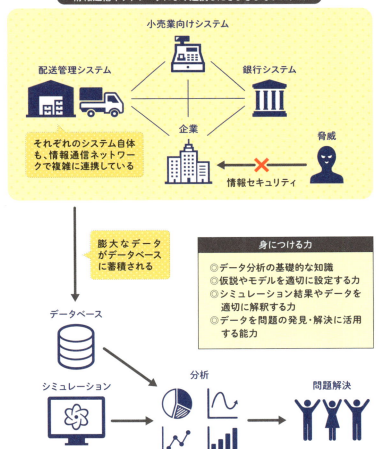

まとめ	□ 情報通信ネットワークの仕組みと安全対策を学ぶ □ 情報システムで得られるデータを有効活用する方法を学ぶ □ データ分析やシミュレーションを活用する技術を学ぶ

048 THE BEGINNER'S GUIDE TO
INFORMATION STUDY Ⅰ

インターネットとは?

● 世界中のコンピュータを接続する巨大なネットワーク

インターネット上には、SNS や動画投稿サイトなどのサービスが多数あります。しかし、そもそもインターネットとは一体何なのでしょうか。漠然と「世界中の情報が見られるもの」といったイメージがあるかもしれません。情報Ⅰで、インターネットがどのようなものであり、実社会でどのように構築されているかを知ることで、これまであやふやに理解していた言葉も理解できるようになるでしょう。

インターネットを一言で表すと、**世界中のコンピュータを相互に接続するための巨大なネットワーク**です。ただし、単にコンピュータ同士を多数つなげるのではなく、ネットワーク同士を接続します。

ネットワークの最小単位は **LAN(Local Area Network)** です。LAN は、学校やオフィス、家庭といったごく小さな範囲のコンピュータ同士を接続して出来るネットワークです。たとえばネットワーク接続して利用できるプリンターやデータを保管するためのネットワークドライブといったものは、印刷データや保存したいデータなどを、LAN を介して通信します。

LAN よりも広域で、LAN 同士を接続したネットワークを **WAN (Wide Area Network)** といいます。たとえば企業の本社と支社を繋いで、その企業内のみで構成されるネットワークです。

こうしたネットワーク同士を、ISP(Internet Service Provider)を介して世界中に接続したのがインターネットです。世界中の情報が見られるのは、インターネットを経由して、世界中にサービスを提供するコンピュータに接続できるからなのです。

● LANとインターネット

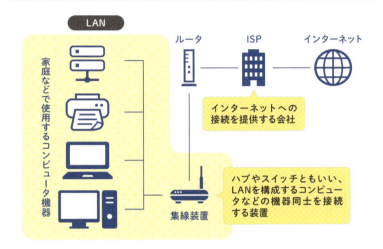

● ネットワークを相互に接続した巨大なネットワーク

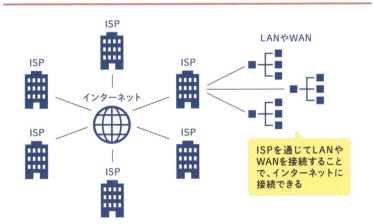

まとめ	□ 比較的狭い範囲で構築したネットワークをLANという □ インターネットへの接続を提供するのがISP □ インターネットはネットワーク同士を相互に繋いだネットワーク

049

**THE BEGINNER'S GUIDE TO
INFORMATION STUDY Ⅰ**

「Wi-Fi」「無線LAN」「5G」……
何が違う?

● 身の回りにあふれる無線通信の規格

　家でスマートフォンを使って動画を見るときや、外出先でインターネットに接続したいときなどに、Wi-Fiを利用する人は多いでしょう。また、同じような場面で無線LANという言葉にも遭遇することも多いのではないでしょうか。詳しく意味を理解すると、これらの用語の使い方が正しいのか、使い分けるべきなのかどうかといったこと分かるようになります。

　まず**無線LANは、無線通信で構築されたLANへの接続**のことを指します。インターネットに接続しているかどうかは問いません。ケーブルを使用しないので、場所を問わずに使用できるのがメリットです。一方で、有線に比べて回線や速度の安定性が劣る場合があります。

　実は、**Wi-Fiは無線LANの規格の1つ**で、業界団体が定めたブランド名がWi-Fiなのです。現在Wi-Fiは情報通信を行う機器で一般的に使用されるようになったため、無線LAN接続とWi-Fi接続は、多くの場合において同じことを指すようになりました。

　では、もう1つよく聞く言葉として、5Gとは何なのでしょうか。これは無線LANとは異なり、移動通信システムの世代の名称です。**5Gはこの移動通信システムの第5世代の規格**で、多数の接続が可能かつ、通信が高速で低遅延という特徴があります。移動通信システムでは、携帯電話の基地局を経由してインターネットに接続します。このような違いがあることを知っておくことは、これからの時代においては重要でしょう。

▶ 無線LANの構成

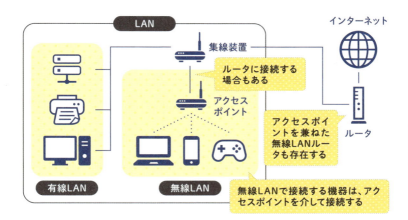

▶ 無線LAN通信の規格

名称	規格	周波数帯	最大速度
（Wi-Fi 第1世代）	IEEE802.11	2.4GHz	2Mbps
（Wi-Fi 第2世代）	IEEE802.11b	2.4GHz	11Mbps
（Wi-Fi 第2世代）	IEEE802.11a	5GHz	54Mbps
（Wi-Fi 第3世代）	IEEE802.11g	2.4GHz	54Mbps
Wi-Fi 4	IEEE802.11n	2.4 / 5GHz	600Mbps
Wi-Fi 5	IEEE802.11ac	5GHz	6.9Gbps
Wi-Fi 6	IEEE802.1ax	2.4 / 5GHz	9.6Gbps
Wi-Fi 7	IEEE 802.11be	2.4 / 5 / 6GHz	36Gbps

まとめ
- □ 無線接続で構成したLANを無線LANという
- □ Wi-Fiは無線LAN通信の規格の名称
- □ 5Gは移動通信システムの規格の名称

050 THE BEGINNER'S GUIDE TO
INFORMATION STUDY I

インターネットで
情報のやり取りが可能な仕組み

● ネットワーク通信における約束事「プロトコル」

　日本人同士が会話をして話が通じ合うのは、「日本語を使って話す」という、いわば暗黙の約束があるからです。コンピュータ同士の通信でも同様で、送受信の約束事がなければ、たとえデータを受け取ったとしても解読することはできません。そのような、**ネットワーク通信における約束事**のことを**プロトコル**といいます。プロトコルの役割や特徴を知ると、普段何気なく使用しているメールソフトの設定を理解できたり、ライブ配信で動画が乱れることがあることに納得できたりするようになります。

　ネットワーク通信でよく利用されるプロトコルのモデルとして、**TCP/IP**があります。TCP/IPは、「アプリケーション層」「トランスポート層」「インターネット層」「ネットワークインタフェース層」（右図参照）の4つの層からなり、階層ごとに機能が割り振られています。

　アプリケーション層はWebページやファイル、メールの送受信などのように、用途に応じたプロトコルを規定する層で、HTTPやFTP、IMAPなどのプロトコルがあります。

　トランスポート層は通信の信頼性を規定する層で、TCPやUDPなどがあります。TCPはデータの抜け落ちなどを許容しない通信、UDPは許容する通信に使用します。ライブ配信など、映像のコマや音声が多少落ちても支障がない通信に、UDPが使用されます。

　インターネット層はデータを宛先まで届けるための層で、IPというプロトコルが使用されます。送信元や宛先の**IPアドレス**（コンピュータの住所のようなもの）などをデータに付加します。

● 標準的に使われる4階層モデル（TCP/IP）

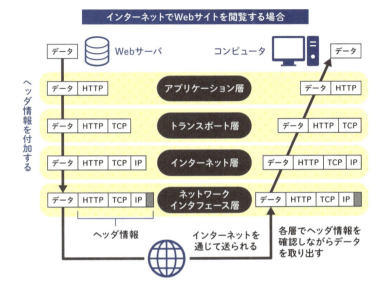

● さまざまなプロトコル

層	機能	プロトコルの例
アプリケーション層	用途に応じたデータの処理を行う	HTTP、SMTP、POP、IMAPなど
トランスポート層	通信の信頼性を規定する	TCP、UDPなど
インターネット層	宛先をもとに通信経路の選択などを行う	IPなど
ネットワークインタフェース層	通信媒体（光通信・電気通信）などに応じた送受信を行う	イーサネット、無線LANなど

まとめ
- □ プロトコルは、データをやり取りするための約束事
- □ TCP/IPプロトコルはいくつかの階層に整理されている
- □ データの種類や用途に応じたプロトコルが存在する

051
THE BEGINNER'S GUIDE TO INFORMATION STUDY Ⅰ

情報通信を盗聴から守る
「暗号化」の仕組み

● 共通鍵暗号方式と公開鍵暗号方式

　情報通信ネットワークには、不特定多数の人がアクセスできるため、データを傍受されたり、内容を改ざんされたりしてしまう可能性があります。そうしたことを防ぐために、**暗号化技術**が使われます。

　暗号化とは、元の情報（平文）を一定のルールに従って鍵となるデータを使って変換し、他人からどのような情報であるかをわからなくすることです。暗号化された情報（暗号文）を平文に戻す（復号）には、解読のための鍵が必要です。その鍵を持つ人だけが、平文を見ることができます。暗号化の方式は、この鍵の種類に応じて、大きく共通鍵暗号方式と公開鍵暗号方式の2つに分けられます。

　共通鍵暗号方式はその名の通り、暗号化と復号で共通の鍵を使います。もう一方の**公開鍵暗号方式**は、暗号化と復号で別々の鍵を使い、暗号化用の鍵を**公開鍵**、復号用の鍵を**秘密鍵**といいます。公開鍵と秘密鍵は、錠前とそれを解錠するための鍵によく例えられます。暗号化したいデータを「公開鍵：錠前」を使って「暗号化：施錠」し、「秘密鍵：鍵」を使って「復号：解錠」するという対応です。暗号を解読できるのは秘密鍵だけなので、絶対に他人に知られてはいけません。

　共通鍵暗号方式ではデータのやり取りをする人ごとに鍵を作成しないと、容易に暗号が破られてしまいます。そのため鍵の管理を慎重に行う必要があり、煩雑になりがちです。それに対して公開鍵暗号方式では、公開鍵暗号を多数の人に配布しても暗号を解読される心配がほぼありません。このような暗号化技術は、電子署名やSSL/TLSのような暗号化通信のプロトコルなどに応用されています。

● 共通鍵暗号方式

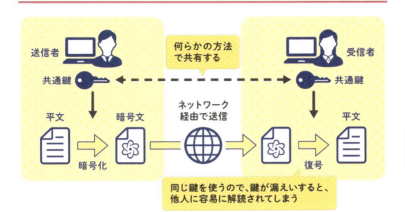

● 公開鍵暗号方式

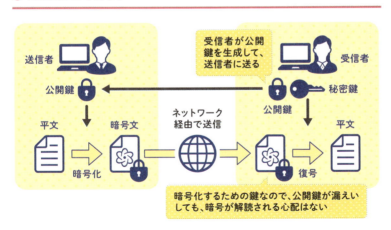

まとめ	□ 暗号化は、他人から情報を解読できなくする技術 □ 暗号化には主に共通鍵暗号方式と公開鍵暗号方式がある □ 暗号化技術は、電子署名や暗号化通信などに応用されている

052 THE BEGINNER'S GUIDE TO INFORMATION STUDY I

情報セキュリティって大切？

● 手薄なセキュリティ管理は犯罪者の格好のターゲット

　会社や学校などの組織では、大量の機密情報や個人情報が扱われています。インターネット空間には、こうした情報を悪用して不正に利益を得たり、情報の改ざんや拡散などを通じて組織に損害を与えたりしようとする悪人が、日々隙を狙って活動しています。

　規模の大小の違いはさまざまですが、近年では企業や官公庁、地方自治体などあらゆる組織に対してサイバー攻撃が仕掛けられ、その被害が増加しています。2024年6月に起きたKADOKAWAグループへの不正アクセス事件は記憶に新しいところでしょう。こうしたサイバー攻撃を受けると、業務に大きな支障をきたすだけでなく、提供するサービスの停止や、不正に取得された顧客情報を含む機密情報の流出といった関連組織への影響も甚大なものとなります。

　企業などの組織にとって**機密情報は活動の資源**でもあり、情報の流出は今後の経営にとって重大なダメージにもなりかねません。また、取引先や個人情報などを含む重要な情報の漏えいは、**組織としての信頼や信用の失墜にもつながります**。

　これまで述べてきたように、インターネットには不特定多数のコンピュータが接続されています。そのため、セキュリティ対策が手薄な企業や個人は、高度な技術を持った犯罪者にとって格好のターゲットとなってしまうのです。

　情報Ⅰでは、企業の構成員や個人という小さな単位でもできる基本的なセキュリティ対策や、それにまつわる技術を学習し、情報社会をより安全に生き抜く術を身につけていきます。

● 情報セキュリティの重要性

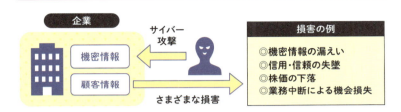

● 企業へのサイバー攻撃の例

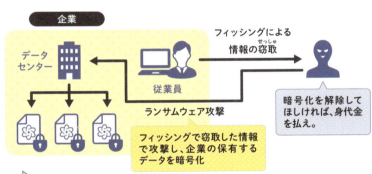

用語	説明
フィッシング	偽のWebサイトに誘導し、パスワードや個人情報などを盗み取る犯罪
ランサムウェア	被害者の保有する情報を暗号化し、もとに戻すことを条件に金銭等の要求をする犯罪

まとめ	☐ 企業における情報セキュリティは財産を守るために必須 ☐ 企業や官公庁などに対するサイバー攻撃は多方面に大きな被害 ☐ フィッシングやランサムウェアなど、さまざまなサイバー攻撃がある

053 THE BEGINNER'S GUIDE TO INFORMATION STUDY I

機密情報を
どうやって守る?

● 情報セキュリティの3つの基本要素を押さえる

　情報セキュリティに対して、「情報を守ること」といった漠然としたイメージを持つ方が多いと思います。しかし、何をすれば情報を守れるのか、どのような状態であればセキュリティが高いと言えるのかといったことが分からなければ、セキュリティ対策も十分にできません。情報Iでそうした情報セキュリティの基本を学ぶことで、セキュリティ対策の具体的なイメージが掴めるようになります。

　情報セキュリティに求められる基本的な要素として「機密性」「完全性」「可用性」の3つが挙げられます。これら3つを向上させることが、情報セキュリティ対策の基本となります。

　まず、**機密性**は、アクセスする権利がある人だけが、情報にアクセスできる状態のことです。アクセス権の管理を厳重に行うことで、不正なアクセスや情報の漏洩を防ぎます。

　完全性は、情報自体が正しく、またその処理方法が適切である状態のことです。データ通信が傍受されないようにしたり、不正確な処理を行うプログラムのバグを修正したりして、情報の正確性を保ちます。

　可用性は、アクセス権のある人が、いつでもデータにアクセスできる状態のことです。システムが継続的に稼働すること、つまりシステム障害が発生しないということです。

　こうした基本的な要素を実現するために、さまざまな技術があります。たとえばアクセス権を適切に管理するためのアクセス制御技術や、外部からの不正な侵入を防ぐファイアウォールなどは、不正なアクセスを防ぐために有効です。

情報セキュリティの3要素

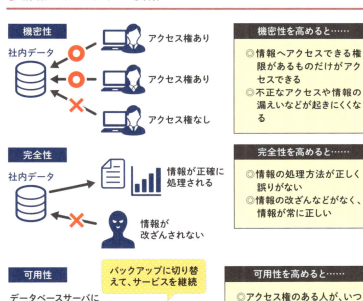

情報セキュリティを実現するための技術

◎アクセス制御：ユーザのアクセス権限を設定する

◎ファイアウォール：不正アクセスや情報漏洩を防ぐ

◎電子署名：暗号化技術を利用してデータの改ざんの有無を確かめる

まとめ
- ☐ 情報セキュリティには3つの要素がある
- ☐ 機密性、完全性、可用性を高めることが重要
- ☐ 情報セキュリティは、さまざまな技術要素によって実現されている

054

THE BEGINNER'S GUIDE TO INFORMATION STUDY I

個人でできる
セキュリティ対策は?

▶ 身近なことから始められるセキュリティ対策

　近年ではあらゆるサービスがインターネット上で提供されるようになり、個々人でアカウントを作成して利用する機会が増えました。そうしたアカウント情報には、個人情報やクレジットカードの支払い情報など、重要な情報が紐づけられていることが多く、セキュリティを高めるための行動が必要不可欠になっています。情報Iでは、身近なところに潜む危険性やその対策方法を学びます。

　サービスなどで利用しているアカウントが外部からアクセスされないためには、ログイン時の個人認証（ログインしようとしている人が、その本人であるかどうかを確認すること）を突破されないことが重要です。そのような認証には、IDとパスワードの組み合わせによる認証以外にも、さまざまな技術が用いられています。たとえば登録しておいた指紋と照合する指紋認証、AIを利用した顔認証など、本人の生体的な特徴を利用する**生体認証技術**がよく使われます。

　また、パスワードを複数のサイトで使い回すユーザが多いことを逆手に取り、不正に取得したパスワードをリストとして保管し、さまざまなサービスで不正にログインしようと試みる**パスワードリスト攻撃**という攻撃もあります。こうした攻撃の被害に遭わないためには、パスワードを使い回さないことが重要です。

　また、パソコンやスマートフォンなどが不正にアクセスされないよう、**ウイルス対策ソフト**を導入することも忘れてはいけません。コンピュータウイルスは日々増え続けているため、ウイルス対策ソフト導入後も、こまめにアップデートすることが重要です。

● 身近なセキュリティ対策や技術

個人認証

IDとパスワードを使い回さない

使い回しはパスワードリスト攻撃に対して脆弱

パスワードリスト攻撃

不正に入手したパスワードリストを使いさまざまなサービスでログインを試みる

認証技術の利用 生体情報や所持情報などによる認証

顔認証　　　　指紋認証　　　　虹彩認証　　　　所持情報

ウイルス対策ソフト

パターンファイルを常に最新に更新する

コンピュータウイルス → ウイルスの検知・駆除・隔離

ソーシャルエンジニアリング対策

ログイン画面からパスワードとIDを盗み見てやる！

ソーシャルエンジニアリングとは、高度な情報通信技術を使わず、ログイン情報などを不正に入手する犯罪。盗み見られないようにするなどの対策が必要。

まとめ
- □ 個人でもさまざまなセキュリティ対策が必要
- □ 認証技術の利用やウイルス対策ソフトの導入が有効
- □ 思わぬところから情報が漏れないように注意を払う必要がある

Part 5　情報通信ネットワークとデータの活用

055

THE BEGINNER'S GUIDE TO
INFORMATION STUDY I

身の回りの情報システムは
ネットワークに支えられている

● 情報システムは生活を支える基盤

　近年では、ネットショッピングやインターネットバンキングなど、インターネットを通じての商品の売買や、お金のやり取りが一般的になりました。また二次元コードやICカードを利用した電子マネーによる決済も普及しています。こうした電子商取引や電子決済などは、高度な情報通信ネットワークによって実現されています。

　情報機器や計測機器、その他入出力機器とコンピュータを情報通信ネットワークで連携させたものを、**情報システム**と呼びます。情報システムは今や違和感なく生活に溶け込んでおり、その存在を意識することはほとんどありません。つまり、どのような情報システムがあるのか知ることは、社会の仕組みを知ることにもつながります。

　身近な情報システムの1つとして、**緊急地震速報**が挙げられます。緊急地震速報は、大きな地震が発生した際に日本各地に設置された観測機器のデータをリアルタイムで自動的に解析し、揺れが到達する前に利用者に通知する仕組みです。この他に、GPSによる位置測定情報を利用した渋滞情報などの提供、高速道路の料金を自動で収受するETCなどを総称した**高度道路交通システム**があります。銀行のATMや電車や飛行機の予約購入システム、商品の売上や在庫管理を行うPOSシステムなども、情報システムの一例です。

　このように、情報システムは生活に欠かせないものであり、さらなる情報通信ネットワークの発展が予想される社会において、情報システムの存在やその仕組みを理解しておくことは必須となるでしょう。

● さまざまな情報システム

緊急地震速報

全国約1700箇所の観測網を利用

地震発生 → 地震計 → 地震計 → 地震計 → 気象庁
揺れを検知してデータを送信
速報を受信
瞬時にデータを解析し速報を発表

高度道路交通システム

情報通信技術により「人」「道路」「車両」の情報網を作り、交通事故、渋滞などの道路交通問題の解決を目指す交通システム。

◎道路管理　　◎緊急車両管理
◎カーナビ　　◎公共交通運行管理
◎渋滞予測　　◎歩行者支援
◎交通管制　　◎ETC　　　など

予約システム

いつでもどこからでも、ネットワークを通じて予約をすることが可能

コンビニの情報システム

Part 5　情報通信ネットワークとデータの活用

まとめ
- □ 情報通信ネットワークにより情報システムが支えられている
- □ ネットショッピングや電子マネーも情報システムにより利用できる
- □ 情報システムの仕組みを理解しておくことが必須となる

056 THE BEGINNER'S GUIDE TO INFORMATION STUDY I

いたるところで使われる
「クライアント・サーバシステム」

▶ コンピュータの役割を分担するシステム

　インターネット上の Web サイトを閲覧するために、パソコンやスマートフォンなどがどのような手順を経て Web サイトを表示しているかを見てみましょう。まず、パソコンやスマートフォンは、Web ブラウザを通して開きたい Web サイトの URL を DNS サーバに送信し、IP アドレス（インターネット上の住所のようなもの）を問い合わせます。DNSサーバから取得したIPアドレスをもとに、インターネットに接続されている Web サーバにアクセスし、必要なデータを要求します。Web サーバは要求に応じて必要なデータをパソコンやスマートフォンに送信し、受け取ったデータを画面に表示します。

　このように、機能やサービスを利用するコンピュータ（クライアント）と、機能やサービスを提供するコンピュータ（サーバ）とで役割を分担して構成するシステムを、**クライアント・サーバシステム**といい、インターネット上で多く利用されています。たとえばメールの送受信に使われるメールサーバ、複数のコンピュータでファイルやプリンタを共有するためのファイルサーバやプリントサーバなどがあります。また、近年では一般的になった**クラウドサービス**（Google Drive や Dropbox など）もこの仕組みを利用しており、現代においては必須の技術要素となっています。

　このような仕組みを理解していれば、システムの利用中に不具合が起きたとしても、その原因が情報通信ネットワークなのかサーバなのか、どのような対応策が取れるのかといったことを自分で考えられるようになるでしょう。

● Webサイトを閲覧する仕組み

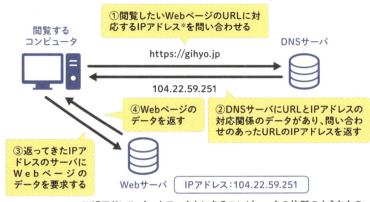

※IPアドレス：ネットワーク上にあるコンピュータの住所のようなもの

● さまざまなクライアント・サーバシステム

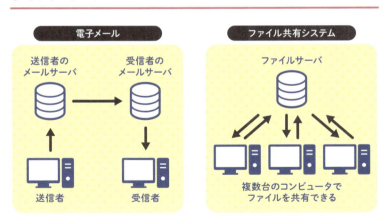

まとめ	□ 機能を利用するクライアントと、提供するサーバで役割分担をするシステムをクライアント・サーバシステムという □ クライアント・サーバシステムにはさまざまな種類が存在する

057
THE BEGINNER'S GUIDE TO INFORMATION STUDY I

データを蓄積する仕組み「データベース」

● データを効率よく蓄積・利用するためのシステム

　ネットショッピングを運用する Web サイトでは、利用者の購入履歴や個人情報など、膨大なデータを取り扱う必要があります。そうした大量の情報を効率よく管理したり利用したりするために、**データベース**が使用されています。

　データを正確で安全に、効率よく利用するために求められる機能として、データの**独立性**、**一貫性**、**可用性**、**機密性**などがあります。データの独立性とは、データベースを利用するシステムから独立していることです。もしデータベースがシステムから独立していない場合、システムを変更するとデータもそれに合わせて変更する必要があり、システムの変更や複数システムで利用するといったことが困難になります。またデータの一貫性を保つことで、複数の人が同時にアクセスしても、データに不整合が生まれないようにします。たとえば、ネットショッピングで在庫が 1 つしかないのに、2 人が同時に注文できてしまうといったことを防ぎます。その他に、障害に対して強く、またアクセスする権利のあるものだけが利用できるなどの機能も必要です。こうした機能を実現するために、**データベース管理システム（DBMS）**が利用されます。

　データベースは、一般的にはデータベースサーバに配置され、他のアプリケーションなどと連携して利用されることが多くあります。そうすることで、たとえばネットショッピングのサイトからは購入履歴などの情報を蓄積する一方で、運営者はそのデータをアプリケーションサーバなどを通じて、分析するために利用できます。

● データベース管理システム（DBMS）の役割

● データベース管理システム（DBMS）の機能

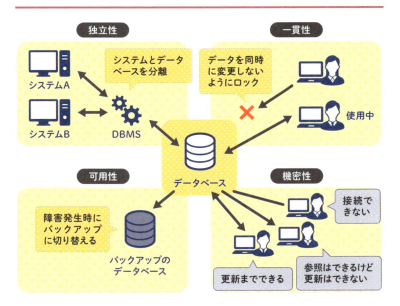

まとめ	□ システムで扱うデータは、データベースに蓄積される □ データベースの効率的な利用のためにDBMSが用いられる □ DBMSにより、データの独立性や一貫性などが保たれる

058

THE BEGINNER'S GUIDE TO
INFORMATION STUDY I

説得力を高めるには
「データ」が必須

● 勘に頼らない意思決定を実現するために必須の材料

さまざまな技術を利用してデータを膨大に集めても、うまく利用しなければ意味がありません。たとえば、小売店において、「いつもこれだけ仕入れているから」と言って毎日同じ品数だけ仕入れていては、その日の売り上げ次第で在庫が足りなくなったり、逆に過剰に倉庫に置くことになってしまったりするなどの問題が生じることになります。とくに生鮮食品のような長期の保管ができないものは廃棄の必要があるため、収益にも大きく影響します。

このような場合、日々の仕入れを決定するのに**過去のデータに基づいて分析する**ことが一般的です。たとえば POS システムに登録された売上データと気温や天気などの気象データを組み合わせることで、天気と売上の関係を探り、天気予報に基づいてより精度の高い仕入れを実現することができるようになります。

また、ある企業が同業他社の発表した製品が非常に流行したので、似たようなものを作れば売れると考えて新製品として売り出したとしましょう。しかし、実は需要の変化の潮目のときであることに気づかず、ほとんど売れずに大きな損失を生み出すといった事態も考えられます。つまり「流行しているから」という理由は非常に漠然としたものであり、**本当に売れるかどうか、市場調査や技術動向の調査を行うべき**であると言えます。これはまさに理想と現実のギャップ（売れる製品を作りたい↔売れるかどうかがわからない）を埋めるための問題解決のプロセスにほかなりません。**意思決定に必要な説得力を高めるための材料が、データなのです。**

● 客観的な根拠に基づく意思決定の例

過去のデータを分析する

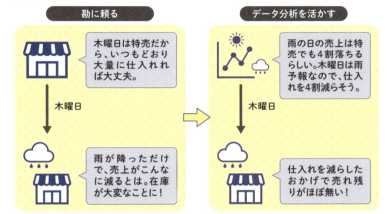

市場を調査する

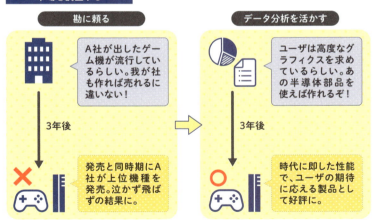

まとめ	☐ 現代は客観的な根拠に基づいた意思決定が求められている ☐ 過去のデータを分析してパターンを正確に把握する ☐ 調査データを分析して客観的に現状を把握する

Part 5 情報通信ネットワークとデータの活用

059

THE BEGINNER'S GUIDE TO INFORMATION STUDY Ⅰ

世の中には「使えるデータ」があふれている

● 膨大なデータから価値を創造するデータサイエンス

　情報通信ネットワークの発展により、さまざまなものがデータとして扱われるようになりました。たとえばコンビニなどで利用できるポイントカードの購買履歴、交通機関で使用できる IC カードに紐づけられた行動履歴、検索エンジンに入力された検索ワードなど、あらゆるものがデータとして蓄積されています。このような高頻度に発生する多様かつ膨大なデータを、**ビッグデータ**といいます。

　ビッグデータは数値だけではなく、SNS の投稿や情報通信ネットワークに接続された計測機器から取得した画像データなど、実に多様です。こうした膨大なデータをリアルタイムに分析し、重要な意思決定を行ったりデータから新たな価値を生み出したりする学問を、**データサイエンス**といいます。たとえばネットショッピングの購入データから、これまでは見えていなかった傾向や動向などが可視化されるようになり、ユーザ一人ひとりに最適化された広告やおすすめ商品の表示などが行われるようになりました。

　一方で、個人情報の観点からビッグデータが問題視されたこともありました。2013 年に、JR 東日本が所有する Suica の利用データを外部に販売することを試みた例では、利用者から個人情報の漏えいを懸念する声が多く上がりました。実際には、**匿名化**（氏名や電話番号、物販情報などを排除した個人が特定できない形式に加工）されるものでしたが、事前の説明不足などにより不信を招きました。ビッグデータの活用により、勘や経験に頼らない新たなビジネスの展開が可能になりましたが、匿名化処理の実施など、慎重な取り扱いが重要です。

● ビッグデータとデータサイエンス

| まとめ | □ ビッグデータとは多様かつ大量、高い頻度で発生するデータ
□ データサイエンスにより新たな価値創造などが可能になった
□ 匿名化処理など、個人情報の取り扱いなどには注意が必要 |

060
THE BEGINNER'S GUIDE TO
INFORMATION STUDY I

使えるデータの集め方と
集めたデータの分析方法

● オープンデータの活用が鍵となる現代社会

　ビッグデータに似たものとして、**オープンデータ**があります。オープンデータとは、国勢調査のような統計調査のデータや気象データのような、主に行政機関などが公開するデータのことで、ビッグデータに匹敵する膨大なものから、表計算ソフトで簡単に扱えるほど小規模なものまであります。ビッグデータに比べると**開示の難易度が低く、多くの人がアクセスできる**ことが特徴です。ビッグデータもオープンデータも、どちらもデータ量が膨大であることが多く、これまで一般企業や個人では分析を行うことは困難でした。しかし、処理速度の高速化や人工知能といった近年の情報技術の発達によって分析することが可能になったのです。

　情報Ⅰの授業では、問題の発見・解決のテーマによっては、**実際にオープンデータを活用したデータ分析を行うこともあります**。たとえば気象データをダウンロードし、表計算ソフトを用いて気温や降水量といった具体的なデータを処理したり、傾向を探るためにグラフ化したりと、データ分析の基礎的な手法を学びます。

　データに含まれる外れ値（他のデータと比べて大きく異なる値）や欠損値（観測機の故障やミスなどにより取得できなかった値）をどう処理するかといった、データ整理の基本的な知識も合わせて学ぶため、実際のデータ分析に取り組む能力が身につけられます。

　実社会ではこうしたデータを活用する場面はますます増えています。現在の高等学校では、そうした社会の中で活躍できる人材として、必要な技術や知識を学んでいるということなのです。

● ビッグデータよりも入手性の高いオープンデータ

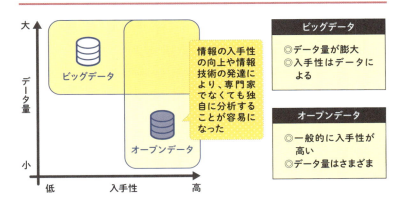

● データ整理とは?

データ整理
◎収集したデータをデータ分析に利用できる状態に整えること

身体測定の結果

出席番号	身長[cm]	体重[kg]
1	166.1	52.1
2	153.1	48.3
3	172.1	
4	155.2	49.1
5	187.1	77.1
6	163.1	512

これらのデータは取り除いたり再調査したりするなどの処理が必要となる

欠損値 — 入力漏れや未測定などにより値が無いデータ

外れ値 — 他と比べて極端に離れたデータ

異常値 — 記入ミスなどによる異常な値

まとめ
- □ オープンデータは統計データのうち開示難易度が低いもの
- □ ビッグデータとの違いは、主に入手性の高さ
- □ 情報Iではデータ分析前に行う整理方法についても学ぶ

061
THE BEGINNER'S GUIDE TO
INFORMATION STUDY I

統計とは
データの特徴を表現する技術

● 正確にデータを理解する力・データリテラシー

　令和4年の日本の平均給与は約458万円でした（『厚生労働省 令和4年賃金構造基本統計調査の概況』『国税庁 民間給与実態統計調査』をもとに算出）。これを聞いて「自分の給与と比べると高い」と感じる人の数は、実は給与所得者の半分以上になります。「平均なのだから、ちょうど半分なのでは？」と考えた方は、情報Ⅰのデータ活用の分野でその疑問を解決しましょう。

　平均値は、全データの合計値をデータ数で割った値のことです。データが均等に分布していれば、平均値を境に半分ずつ分布します。しかし、**極端に大きなデータが存在すると、平均値もその値に引きずられて大きくなってしまう**性質があります。そこで、データを大きい順に並べ替えて、ちょうど半分に位置する値である中央値を使う場合があります。令和4年の給与の場合、中央値は約400万円でした。平均値の458万円と中央値の間には約60万円もの差があります。平均値が高額所得に引きずられて大きくなったのです。給与には試験の点数のように上限が無いため、この傾向はより顕著になります。

　平均値や中央値は、データ全体の特徴を表す数値として**代表値**とも言われますが、代表値としてどのような値を使用するかによって、情報の受け手の印象は大きく変わります。データを根拠に説得されると安易に納得してしまいがちですが、**こうした違いを巧みに利用して、意図的に大きく、あるいは小さく見せようとすることもできる**のです。そうした意図を読み取るためにも、統計の知識を身につけて、**データリテラシー**を高めることが重要です。

● 統計データを正しく理解する力が必要

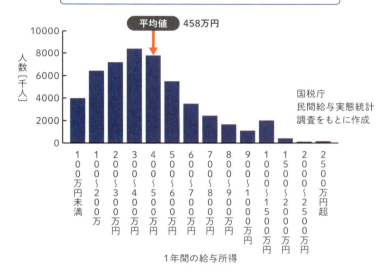

問題：以下のグラフを見て、次の文章の正誤を答えよ。
『国民の半数が458万円以上の給与所得を得ている。』

全体の人数を2等分する値は平均値ではなく中央値 → よって 答え：誤り

平均値の定義を誤解すると、認識を誤ってしまう

統計データを正しく理解できると……

◎ データから正しく情報を導き出すことができるようになる。
◎ データの特徴を理解し、適切に表現することができるようになる。
◎ 悪意ある提供情報の真偽を自ら検証し、自分にとって不利な意思決定を避けることができるようになる。

まとめ

- □ 平均値のように、身近だが誤解しやすい統計用語がある
- □ 実社会では統計が巧みに悪用されることもある
- □ 統計知識を身につけ、データリテラシーを高めることが重要

数学科と連携することで
深まる実践力

▶ 数学科で学ぶ知識に加えて情報科で独自に学ぶ項目も

　統計やデータ分析等の知識は、高等学校の数学科でも学習します。たとえばデータのばらつき具合を表す分散や標準偏差、データ同士の関係を可視化する散布図などは、数学科でも学ぶ項目です。情報Ⅰでもこれらについて学びますが、**問題の発見・解決におけるデータ分析やその活用を見据えた、数学科との連携が意識されています。**

　情報Ⅰは、データ分析の技能をより実践的に活かせるようになることを想定した学習内容となっています。たとえばデータ分析においては、クロス集計や仮説検定などは数学科でも学習しますが、それに加えて既存データの傾向を数式として表現する回帰分析の考え方を取り入れた、現象のモデル化なども見据えた内容となっています。

　また、実際に入手できるデータは必ずしもすぐに分析に使えるとは限りません。数学科では分析にすぐに取り組める整理されたデータを扱いますが、情報Ⅰでは入手したデータから必要なデータだけを抜き出したり他のデータと組み合わせたりして分析可能な形式に整理するなど、**より実践的な応用を意識した内容**となっています。

　さらに、実際にデータを分析するにあたって、データの尺度についても気をつけなければなりません。尺度とはデータの種類のことで、名義・順序・間隔・比例という4つの水準で分類されます。たとえば重さ10kgは5kgの2倍と言えますが、気温10℃は5℃の2倍暑いという表現には意味がありません。これは前者が比例尺度であるのに対し、後者が間隔尺度だからです。こういった数値の取り扱いに対する注意点などは、情報Ⅰだけで扱う内容です。

● 情報Iと数学科で学ぶ内容（データ分析分野）

情報Iは、数学科をデータ分析の土台として、より実践的な技能や知識の習得を意識した内容となっている。

項目	情報Iと数学科共通	情報Iのみ
統計	分散、標準偏差、相関係数、四分位範囲、中央値、最頻値	交絡因子
分析	クロス集計表、仮説検定	単回帰分析、データの可視化、モデル化と予測
データ	質的データ、量的データ、外れ値	整理されていないデータ、欠損値
尺度	ー	名義、順序、間隔、比例などの尺度水準
データベース	ー	情報の収集・蓄積・提供方法
グラフ	散布図、ヒストグラム、箱ひげ図など	

● 情報Iで学ぶ尺度水準とは？

数値データの種類のことであり、尺度により扱い方が異なるため、データ分析の際には注意が必要。

尺度	説明	例
名義	データの分類のみを表す数値	男性＝1、女性＝2（数値と分類を対応させているだけ）
順序	データの順序を表す数値。数値そのものは意味を持たず、差や比率などに意味はない。	満足度調査の選択肢（満足＝3、普通＝2、不満足＝1：不満足と満足の差が2であるという意味はない）
間隔	間隔に意味がある数値。差には意味があるが、比率には意味がない。	気温20℃は5℃より15℃高い（20℃が5℃の4倍暑いわけではない、水が凍る0℃を基準とした値）
比例	0に「無」の意味がある値。差にも比率にも意味がある。	60kgは20kgの3倍重い（0kgは「ものが無い」ことを意味する）

まとめ	□ 情報Iと数学科の連携によりデータ分析力の向上を図っている □ 情報Iではより実践的な力の習得が意識されている □ 実践では情報Iのみで学ぶ内容にも注意が必要

Part 5 情報通信ネットワークとデータの活用

063 THE BEGINNER'S GUIDE TO
INFORMATION STUDY I

シミュレーションってなに?

● ものごとの本質を捉えて抽象化する「モデル化」

　データに基づいた意思決定は、十分なデータが存在していて、過去のパターンが将来続くと見込まれる場合には有用です。しかし、過去の類例が少なかったり、多くの要素が絡み合ったりする自然災害のような事象に対しては、有意な根拠を得ることは困難です。そこで用いられるのが、**モデル化とシミュレーション**です。モデル化とは、現象に含まれるさまざまな要素から本質的な部分を取り出して抽象化することです。そして抽象化された問題を数式などで表現し、模擬的に動作させて結果を予測することをシミュレーションといいます。

　シミュレーションと聞くと難しい印象を抱くかもしれませんが、**情報Ⅰでは身近な事柄について表計算ソフトなどを用いて、実際にシミュレーションに取り組みます**。簡単な例としては、容器に溜まる水の量の予測です。モデルがシンプルなのでシミュレーションらしく感じないかもしれませんが、「水の流量」「時間」「溜まった水の量」などの関係を数式として表現し、実際に計算することは、立派なシミュレーションのプロセスです。レジの待ち行列やウイルスの感染のような、確率的に変化する事象についても発展的に取り扱います。

　シミュレーションの利点は、変数を自由に設定できるため、**実際に行うには費用がかかりすぎる事柄や、めったに起きない現象などについて、さまざまなケースを想定して予測できる**ことです。もちろん抽象化されたモデルに基づくので、必ず正確とは限りません。モデルの不正確な部分を見つけ出して修正し、シミュレーションの確度を向上させることも、より効果的な問題解決にとって重要です。

● 情報Iで実習する確定モデルと確率モデル

確定モデル

要素に無作為性（ランダム性）がなく、結果が1つに定まるモデル
例：容器に溜まる水の量

数式モデル $V = q \times t$

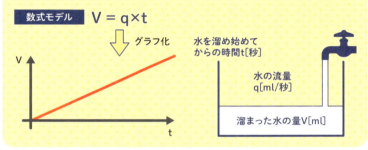

確率モデル

要素に無作為性（ランダム性）があり、結果が1つに定まらないモデル
例：レジの待ち行列

客と客の時間間隔：T（ランダムに決まる）
精算に要する時間：S（一定とする）
待ち時間：W（到着して前の客の精算が終わるまでの時間）

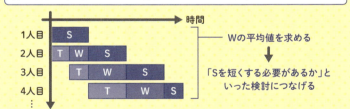

Wの平均値を求める
↓
「Sを短くする必要があるか」といった検討につなげる

まとめ
- ☐ 本質的な要素を取り出して抽象化するのがモデル化
- ☐ 要素を数式などで表現して定量的に結果を予測するのがシミュレーション
- ☐ 情報Iでは確定モデルや確率モデルなどを扱う

● Column

大学ごとの情報Ⅰの扱いはどう異なる？

　Part1 で述べたように、2025 年 1 月の大学入学共通テストから、新しく情報科の科目として情報Ⅰの試験が追加されます。情報Ⅰの単純な配点の比率から比重を変えるところもあれば、そもそも情報Ⅰを課さないところもあり、大学や学部などによってその対応は実にさまざまです。

　国公立大学の入学試験においては、大学入学共通テストと大学独自の二次試験の結果を合わせて合否の判定を行います。そのため、結果的に試験全体における情報Ⅰの点数の割合が数 % 程度と非常に小さくなる場合もあります。たとえば東京大学の場合、共通テストの合計点 1000 点を 110 点満点に圧縮し、さらに二次試験の合計 440 点と合わせた 550 点満点で合否判定を行います。つまり情報Ⅰで 100 点を取れば、全体では 11 点分となります。これは 550 点のうちの 2% に過ぎません。しかしほんの数点差で合否が覆ることもある入学試験ですから、情報Ⅰの重要性を説くまでもなく、試験対策を抜かりなく行うことは重要です。

　これまで共通テストの情報Ⅰについて言及してきましたが、国立大学で二次試験に情報Ⅰが課されるのは、2024 年 9 月時点では電気通信大学のみで、2025 年の前期日程試験における選択科目の「物理」「化学」に「情報Ⅰ」が加わるようです。同大学は情報を研究領域としており、情報に対する高い素養を持った学生を受け入れて育成することが急務だとしています。コンピュータ上でプログラムを作成させる問題などを想定しているとのことで、将来情報関係の職業に就きたい受験生にとっては、魅力的な選択肢ではないでしょうか。

THE BEGINNER'S GUIDE TO INFORMATION STUDY I

Part

6

情報社会と情報教育の今後

情報Ⅰが当たり前の
未来社会を考える

064
THE BEGINNER'S GUIDE TO
INFORMATION STUDY I

政府が考える未来社会「Society 5.0」

● これからの新しい社会の実現のための手段と価値観

　これまで解説してきた内容は、現在の情報社会ですでに普及した情報技術であり、今後ますます発展していく社会を支える、基礎的な技術であることは間違いないでしょう。しかし、情報技術の発展はとどまるところを知りません。今後どのような未来が描かれているのか、政府の考える未来社会像「**Society 5.0**」について見てみましょう。

　Society 5.0 とは、これまでの人類の社会の段階を分類し、それに番号を付けたもので、現在の情報社会は Society 4.0（情報社会）に当たります。Society 5.0 の社会は、「**サイバー空間とフィジカル空間を高度に融合させたシステム**」という手段により、「**経済発展と社会的課題の解決を両立する人間中心の社会**」という価値観が実現されるとしています。こうした社会では、たとえば自動運転車、自律型ドローン、遠隔医療や介護ロボット、AI 家電など、最新の技術が浸透していると考えられます。実際に、先行的な実現の場として、スマートシティの推進を政府は支援しています。

　この提言の中で、Society 5.0 という社会で必要とされる人材には、「探究的な活動を通じて身につく能力や資質」を重視し、「自ら課題を発見し解決方法を模索」できることが重要であるとしています。これはまさに、情報 I が育成を目指す人材像にほかなりません。

　こうした人材を輩出するためには、教育や人材育成システムの充実が必要不可欠であると言えるでしょう。

● Society 5.0までの社会とそこで必要とされる能力

Society 1.0：狩猟社会

狩猟や採集などを生活の基盤として生計を立てる社会。獲物を発見したり追跡したりする能力が重視された。

Society 2.0：農耕社会

耕作地の開拓と耕作が生活の基盤となる社会。協調性や忍耐力といった能力が重視された。

Society 3.0：工業社会

工場における大量生産により、社会に商品や製品を供給することが基盤となる社会。機械操作のスキルやチームワークなどが重視された。

Society 4.0：情報社会

情報自体が資産としての価値を持ち、情報通信技術により生活を豊かにする社会。プログラミングやデータ分析等の能力が重視される。

Society 5.0：新しい社会

サイバー空間とフィジカル空間が高度に融合したシステムにより、経済発展と社会的課題の解決を両立する人間中心の社会。問題の発見・解決能力が重視される。

まとめ

☐ 現代の情報社会（Society 4.0）に至るまで、社会が変化に応じて必要とされる能力も変化してきた
☐ Society 5.0では、問題の発見・解決のための能力が特に重視される

065

THE BEGINNER'S GUIDE TO INFORMATION STUDY I

情報IはDXのスタートライン

● 既存の発想にとらわれない変革を生み出すための素養

　近年デジタル・トランスフォーメーション（DX）という言葉を耳にするようになりました。DXはスウェーデンの大学教授により提唱された概念で、**ICT技術により生活のあらゆる面を良い方向に変化させること**とされています。日本では2018年に経済産業省のDXガイドラインにて発信されたことから、浸透するようになりました。

　DXとは、業務で扱う書類を単にペーパーレス化（デジタイゼーション）したり、業務プロセスを自動化（デジタライゼーション）したりするだけではありません。クラウドやビッグデータなどの新たな情報技術を利用して、**組織や文化、従業員などを含めたビジネスモデル自体の変革を促し、自社の競争力を高めていく**ことなのです。

　こうした大きな変革を行うには、情報Ⅰで学ぶ内容が、基礎的な能力として欠かせない素養となります。高校で情報Ⅰを履修した生徒は、大学生活においても新しい技術を取り入れて、より高度な課題解決を実行していくことになります。そうした経験の中で、既成概念を覆すような想像力も養っていくことになるでしょう。

　しかし、情報Ⅰを履修していない人にとっては、いきなり「DXの推進を」と言われてもその必要性を理解できず、むしろ抵抗してしまうこともあるかもしれません。ですが、DXの推進に舵を切る企業が増えていく中でそのような状態でいれば、企業にとって必要な人材像からずれてしまうことになります。そうした意味でも、今後の社会においては、情報Ⅰの内容を身につけていくことが、DXを推進していくためのスタートラインに立つことにあたるといえるでしょう。

▶ デジタイゼーション・デジタライゼーション・DX

デジタイゼーション

既存の物や手続きなどを、コンピュータ上で扱える形式に置き換えること。書類や押印などを電子化するなど。

デジタライゼーション

業務プロセスなどにおいて、物理的に行っていたものを電子化し、それによってその処理を自動化・省力化すること。

DX（デジタル・トランスフォーメーション）

情報技術を利用して、組織や文化、従業員を含めたビジネスモデル自体の変革を促し、自社の競争力を高めていくこと。

▶ DXのスタートライン

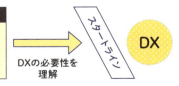

| まとめ | ☐ DXは、単なるペーパーレス化や業務の自動化・省力化ではない
☐ DXを推進するためには、組織単位で変わる必要がある
☐ DXのスタートラインに立つには、情報Ⅰを学ぶことが有効 |

066
THE BEGINNER'S GUIDE TO
INFORMATION STUDY I

未来の学校の授業は
どうなっているか

● 教育のDXと情報教育の好循環に期待

　DX は教育にも必要とされています。GIGA スクール構想により教育の情報化が進められており、従来に比べて DX の推進もしやすくなることが予想されます。教育の現場で DX が加速していけば、情報技術がさらに浸透し、情報教育も含めた教育全体の質も向上していくでしょう。このことが **DX をさらに促進させ、また教育の質も向上させるという好循環**を生み出していくかもしれません。

　では具体的に、どんな取り組みが行われるのか、いくつか想像してみましょう。まずは、もうすでに身近になったオンライン授業です。2020 年以降の新型コロナウイルス感染症の流行により、オンラインで授業が行われるようになりました。その後徐々にオンライン授業の数も減少してきましたが、オンラインならではのメリットもあり、学習効果を考慮しながら今後も残り続けるでしょう。また、AI を利用した教育の個別最適化といった取り組みも考えられます。習熟度を生徒ごとに AI に評価させ、授業内容やペースなどを最適化させたカリキュラムが提供できるようになるかもしれません。さらに、VR などの技術により、従来伝えるのが難しかった視覚情報を提供することができるようになり、体験を通じてより深い理解が得られるようになるでしょう。その他にも、従来のように一方的に教わる形式ではなく、主体的に問題解決に取り組むアクティブラーニングなども、DX によりさらに発展していくかもしれません。

　将来的には、こうした取り組みによる教育の質の向上と、DX の推進という好循環により、創造的な授業が増えていくことになるでしょう。

▶ 教育のDXと情報教育が生み出す好循環

情報教育の質が向上し、課題解決を通じて新たな価値を創造する力が育まれ、DXが促進される

情報技術の浸透により、情報教育も含めた教育全体の質が向上する

▶ どんな取り組みが導入される?

オンライン授業

対面授業では難しかったことが可能になる

カリキュラムの個別最適化

AIが、生徒の習熟度に応じて臨機応変にカリキュラムを作成し、学習を最適化する

VR/AR技術の導入

現地に行ったり入手したりするのが困難でも、眼の前で見る経験ができる

アクティブラーニングのDX化

問題解決能力を育むアクティブラーニングでは、情報技術がより高度な問題解決を提供できる

まとめ
- ☐ 教育のDX推進は、情報教育を含めた教育の質を高め、DXのさらなる促進につながる
- ☐ AIやVR/ARなどの技術により、さまざまな教育の形態が提供される

067
**THE BEGINNER'S GUIDE TO
INFORMATION STUDY Ⅰ**

必ずしも情報Ⅰがすべてを
網羅しているわけではない

● 専門性という観点での網羅性は低い

　これまで何度も述べてきましたが、情報Ⅰで取り扱う内容自体は非常に幅広いため、現代の社会人でここまで広範な知識や技能をまんべんなく身につけている人は稀ではないでしょうか。しかし同時に、これまで解説してきた内容の詳細をみてみると、**それぞれの専門性自体はそれほど高くない**ということにもお気づきではないでしょうか。

　多くの社会人が利用している表計算ソフトを例に取って見てみましょう。情報Ⅰで扱う表計算ソフトは、シート、セル、値、式、相対参照、絶対参照といった内容から始まり、MAX や AVERAGE などの基本的な関数を使ったデータ処理などまでを扱います。これらは日常的に表計算ソフトを使う人からすれば、当たり前に知っているものではないでしょうか。実際の業務では、より高度な関数やピボットテーブルといった便利な機能を多用しますが、情報Ⅰでは学びません。また、P.56 でも触れましたが、情報Ⅰは情報Ⅱで学ぶ内容のベースであり、実社会での実践に向けた橋渡し的内容は、情報Ⅱに委ねられています。こうしたことからも、情報Ⅰは、幅は広いが奥行きは深くないと言えるでしょう。

　しかし、このような幅の広さは、必要な知識や技能を学ぶきっかけとしてはとても重要です。情報技術の進展は非常に早いため、DXに必要な素養としての情報Ⅰのカリキュラムも、それに合わせて更新していくことが望まれます。国の教育としてそのような対応を可能にしていくためにも、**世の中の人々がより教育に関心を持ち、コミットしていくことが今後重要になっていく**ことでしょう。

150

● 情報教育とその専門性

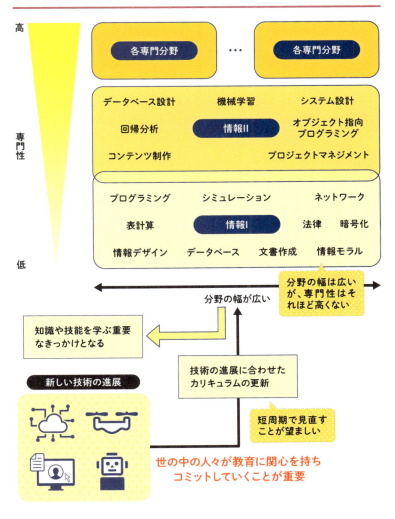

まとめ	□ 情報Iで扱う内容は、専門性はそこまで高くないが分野の幅は広いため、学びの重要なきっかけとなる □ 最新の情報教育を提供するには世の中のコミットが重要

068 THE BEGINNER'S GUIDE TO INFORMATION STUDY I

情報技術を使いこなすために
今からできること

▶ 資格の取得や身近な作業の電子化から始めよう

　情報Iが今後の社会においていかに有用・必要であり、身につけるべき素養であるかということは、ここまでの解説を読んでお分かりいただけたと思います。では、高校で情報Iを学ぶ機会を持たずに生きてきた従来の社会人は、そういった知識や技能をどのように身につければよいのでしょうか。

　1つ目に考えられる方法は、**資格の取得**です。情報Iで学ぶ内容や、今後の情報社会でますます必要となる技能や知識を含んだ資格試験は複数あります。中でもIPA（情報処理推進機構）が実施している「ITパスポート試験」や、より実践的な「基本情報技術者試験」などは、ビジネスパーソンにとって必須の知識を勉強するのに最適です。特に、**ITパスポート試験は情報Iの内容の多くを含む内容**なので、大まかに情報Iの内容を身につけるにはうってつけです。また、ITパスポート試験に加えて「DS検定」（データサイエンティスト協会主催）と「G検定」（日本ディープラーニング協会主催）と合わせて3資格を取得すると、DXを推進するプロフェッショナル人材となるために必要な基本スキルを有することを証明する「DX推進パスポート」のデジタルバッジが発行されます。もし取得できれば、これからのDX人材としての素養を対外的に示すこともできるでしょう。

　もう1つの方法は、身近なことから始めることです。身の回りに電子化や自動化できることはないか探してみると、意外とたくさんあるものです。そうした観点で身の回りを見渡すことが問題の発見や解決の訓練ともなり、ひいてはDXにもつながるのではないでしょうか。

● これからの社会に必要な情報技術を学べる資格

ITパスポート試験（情報処理推進機構）

ITを活用する社会人や、これから社会に出る学生が、身につけておくべきITに関する知識を持ち合わせていることを証明する国家試験。ストラテジ（戦略）、マネジメント（経営）、テクノロジ（技術）の3分野から構成され、その概要を理解しているかを問う。情報Iに最も近い試験の1つ。

G検定（日本ディープラーニング協会）

ディープラーニングの基礎知識を身につけ、それを適切に活用する方針を決め、事業で活用する能力や知識を持ち合わせていることを検定する。機械学習、ディープラーニングとその社会実装等といった技術分野と、AIに関する法律や契約といった法律・倫理分野で構成される。

DS検定（データサイエンティスト協会）

データサイエンティスト協会が定義した、データサイエンティストに必要なスキルや知識のスキルチェックリスト・タスクリスト（データサイエンス力、データエンジニアリング力、ビジネス力など）のうち、見習いレベル相当の知識・能力などを検定する。ITパスポートに比べると難易度は高い。

Part
6

情報Iが当たり前の未来社会を考える

| ITパスポート |
| DS検定 |
| G検定 |

合格すると、

DX推進パスポート

のバッジが発行される

自分の持つ知識や能力を対外的に示すことが可能になる

まとめ	☐ 情報Iを学んでこなかった従来の社会人も、情報技術を身につける必要がある
	☐ さまざまな資格をとることで必要な素養を身につけられる
	☐ 身近なものを電子化したり自動化したりできないか考えることで、問題の発見と解決の訓練となる

069 THE BEGINNER'S GUIDE TO INFORMATION STUDY I

2029年以降に社会人となる 「情報I世代」との共創に向けて

▶ 情報I世代を受け入れる世代の心構えと準備

　情報Ⅰは2022年より実施が始まったので、この年から履修して大学に入学し、その4年後に社会に出ると2029年になります。この「情報Ⅰ世代」の学生たちは、高校で学んだ知識や技能を基礎力とし、授業や研究、アルバイトなど、さまざまな活動を通じて情報技術を駆使し、問題解決の能力をさらに養っていくことになるでしょう。

　情報Ⅰ世代を今後受け入れていくことになる現在の大人世代は、その能力をうまく活用していかなければなりません。そのためにも、新人だからといって侮ること無く、**大人世代も底上げをしていくことが必要になってくる**でしょう。

　そう聞くと、「新人に負けるわけにはいかない！」「できない上司と部下に思われたくない！」と身構えてしまう人もいるかも知れません。しかし、ここで重要なのはそうした上下関係ではなく、ともに高め合う仲間として受け入れる環境作りということになるでしょう。「負けない」という競争ではなく、お互いに刺激しあい、持ち合わせた能力を活かしてともに成長し、新しい価値を作り上げていく**共創**を志向するのが重要です。

　そのためにも、係長や課長クラスを始めとする大人世代の人達は、情報Ⅰ世代がどんな事ができるのかといった概要を掴んでおくことが大切です。本書で解説した内容を参考に、情報Ⅰ世代が活躍できる環境を作るにはどうすればよいのか想像し、その上で、情報Ⅰ世代が活躍できる場を今のうちから準備していくことが重要となるでしょう。

●「情報Ⅰ世代」との共創に向けて

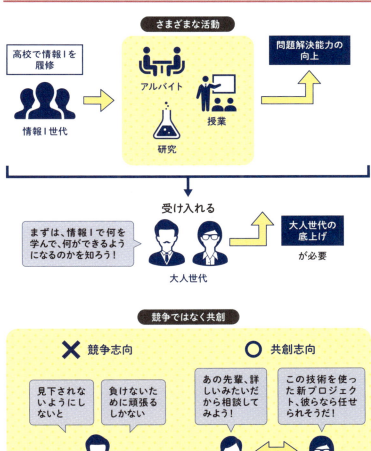

まとめ	□「情報Ⅰ世代」を受け入れるために、情報Ⅰで何を学び、何ができるようになるかを知ることが重要 □ 競争ではなく共創を志向した環境づくりが重要

● Column

共通テストで使用される
疑似言語で実行したい場合は?

　Part4 でも解説したとおり、共通テストにおけるプログラミングは「共通テスト用プログラム表記」が使用されます。これは一般的なプログラミング言語と異なり、実用のために開発された言語ではないため、実行するためのソフトウェアなどは存在しません。しかし、擬似的にこの表記で書かれたプログラムを実行することが可能な Web サイトがいくつか存在します。

　検索サイトを使って「共通テスト用プログラム表記 実行」などと検索すると、共通テスト用プログラム表記を実行できる Web サイトが表示されます。個人で開発されているものがほとんどで、大学入試センターが公開した「試作問題『情報』の概要」(https://www.dnc.ac.jp/albums/abm.php?d=511&f=abm00003141.pdf)の仕様がほぼ再現されています。

　「共通テスト用プログラム表記がどのようなものなのか」とか、「自分が考えたプログラムが正しそうか確認したい」とかいった用途であれば、十分に使えるでしょう。ただし、従来の「情報関係基礎」で使用されていた言語「DNCL」の仕様を再現したものも含まれていることがあり、共通テスト用プログラム表記とは仕様が異なりますので、その違いには注意が必要です。

　なお、試験対策として共通テスト用プログラム表記に慣れておくことは重要ですが、プログラミングの学習自体には、一般的なプログラミング言語を使用することがおすすめです。共通テスト用プログラム表記は日本語を含むため、Python などのプログラミング言語で学んでいれば、共通テスト用プログラム表記のプログラムを読み解くことは容易です。

▶付録

情報科で使用されている用語について調べるには

教育関係者が情報科で使用されている用語の表記を確認したい場合や、情報Ⅰに興味を持ち、情報科ではどのような用語が使用されているかを知りたいといった場合は、情報処理学会の情報入試委員会が公表している「情報科全教科書用語リスト」(https://sites.google.com/a/ipsj.or.jp/ipsjjn/wordlist) をご覧ください。情報科が開始された頃の教科書から情報Ⅰ・Ⅱに至るまで、これまでの教科書で扱われてきた用語の出現状況や分野の対応などが一覧化されています。

情報Ⅰでどういった用語を学んできたのか、どれくらい一般的に身についていると考えてよいのか、といったことを検討するのに有効です。

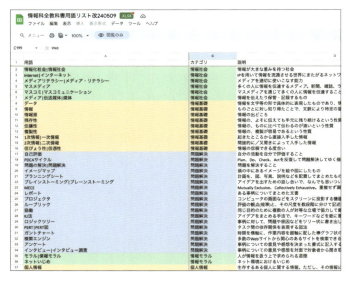

Index

数字・アルファベット

2 進法	70,80,88
5G	112
AI	100
CPU	86
DBMS	128
DS 検定	152
DX	146,148
DX 推進パスポート	152
GIGA スクール構想	26,148
G 検定	152
HTTP	114
IoT	82
IP アドレス	114,126
ISP	110
IT 人材	28
IT パスポート試験	152
JavaScript	92
KJ 法	40
LAN	110
LLM	104
MECE	40
OS	84
PCM 方式	74
PDCA サイクル	36
POS システム	82
Python	14,92,98
SNS	8,42,46
Society 5.0	10,144
SSL/TLS	116
TCP/IP	114
URL	126
VR	148
WAN	110
Wi-Fi	112

あ行

アクセシビリティ	66
圧縮	72,76
アナログ	70
アルゴリズム	13,94,96
暗号化技術	116

意匠権	50
異常値	135
一次情報	48
インターネット	110
ウイルス対策ソフト	122
応用ソフトウェア	84
オープンデータ	134

か行

開示請求	52
階調	74
可逆圧縮	76
学習指導要領	10
画像認識	100
可用性	120,128
カラーユニバーサルデザイン	68
完全性	120
機械学習	102
基本ソフトウェア	84
機密性	120,128
共通鍵暗号方式	116
共通テスト用プログラム表記	106
クライアント・サーバシステム	126
クラウドサービス	126
欠損値	135
公開鍵暗号方式	116
個人情報保護法	12,54
コミュニケーション	12,58,60
コンピュータ	12,82
コンピュータの五大装置	86

さ行

サイバー攻撃	34,118
産業財産権	50
散布図	138
自然言語処理	100
実用新案権	50
シミュレーション	12,108,140
主記憶装置	87
肖像権	46,54
商標権	50
情報	42
情報技術	8

情報システム	12,108,124	パスワードリスト攻撃	122
情報セキュリティ	12,118	パブリシティ権	54
情報通信ネットワーク	12,108	バリアフリー	66
情報デザイン	12,58,64	ハルシネーション	104
情報モラル	12,21	非可逆圧縮	76
人工知能	8,100	ビッグデータ	8,132
深層学習	102	ビット	88
真理値表	90	標準偏差	138
ストレージ	86	標本化	74
生成 AI	104	ファイアウォール	120
生体認証技術	122	ファイルサーバ	127
セキュリティ対策	122	フィッシング	119
ソーシャルエンジニアリング	123	フェイクニュース	34,48
ソーシャルメディア	44	符号化	74
ソフトウェア	84	不正アクセス禁止法	52
		ブレーンストーミング	14,40

た・な行

大学入学共通テスト	20,22	フローチャート	94
大規模言語モデル	104	プログラミング	12,16,92
代表値	136	プログラミング言語	92
知識	42	プロトコル	114
知的財産権	12,50	プロバイダ	52
中央処理装置	86	プロバイダ責任制限法	52
中央値	136	分散	138
著作権	34,50	平均値	136
ディープラーニング	102	補助記憶装置	87
データ	42,130		

ま行

データサイエンス	8,132	マスメディア	44
データベース	12,128	無線 LAN	112
データベース管理システム	128	メインメモリ	86
データリテラシー	136	メディア	34,44
デジタル	70	メディアの特性	12,44
デジタル人材	18	モデル化	12,140
デジタルネイティブ	8	問題	36
動画投稿サイト	8	問題の発見・解決	12,14,20,38
特許権	50		

や・ら行

二分探索	98	ユーザビリティ	66
ノイズ	72	ユニバーサルデザイン	66

は行

ハードウェア	84	ランサムウェア攻撃	119
バイト	88	量子化	74
外れ値	135	ロジックツリー	14
		論理回路	90

■ 問い合わせについて

本書の内容に関するご質問は、下記の宛先までFAXまたは書面にてお送りください。
なお電話によるご質問、および本書に記載されている内容以外の事柄に関するご質問にはお答えできかねます。あらかじめご了承ください。

〒162-0846
東京都新宿区市谷左内町21-13
株式会社技術評論社　書籍編集部
「60分でわかる！　情報Ⅰ 超入門」質問係
FAX:03-3513-6183

※ご質問の際に記載いただいた個人情報は、ご質問の返答以外の目的には使用いたしません。
　また、ご質問の返答後は速やかに破棄させていただきます。

60分でわかる！
情報Ⅰ 超入門

2025年1月24日　初版　第1刷発行

著者……………………リブロワークス
監修……………………鹿野　利春
発行者…………………片岡　巌
発行所…………………株式会社 技術評論社
　　　　　　　　　　東京都新宿区市谷左内町 21-13
電話……………………03-3513-6150　販売促進部
　　　　　　　　　　03-3513-6166　書籍編集部
編集……………………リブロワークス
担当……………………下山航輝
装丁……………………菊池　祐（株式会社ライラック）
本文デザイン…………山本真琴（design.m）
DTP……………………リブロワークス（松澤維恋）
製本／印刷……………株式会社シナノ

定価はカバーに表示してあります。
本書の一部または全部を著作権法の定める範囲を超え、
無断で複写、複製、転載、テープ化、ファイルに落とすことを禁じます。

©2025　リブロワークス
造本には細心の注意を払っておりますが、万一、乱丁（ページの乱れ）や落丁（ページの抜け）がございましたら、小社販売促進部までお送りください。送料小社負担にてお取り替えいたします。

ISBN978-4-297-14632-0 C3036
Printed in Japan